Y

Y ROC

Gwynn Llywelyn

GWASG GEE

Rhagfyr 1997

ISBN 0 7074 0305 7

Dymuna'r cyhoeddwyr gydnabod cymorth Adrannau Cyngor Llyfrau Cymru.

Argraffwyr a Chyhoeddwyr:

GWASG GEE, DINBYCH, SIR DDINBYCH

Cyflwyniad

I Gwyneth
am fod mor amyneddgar a hirymarhous.

Pennod 1

Troi allan o fuarth Llechwedd Isa a dyne orffen gwaith y Ministri am y pnawn yma. Dim ond edrych ar y gwartheg i weld cyflwr eu hiechyd nhw, a theimlo'u pyrsie nhw i chwilio am T.B. Yr unig waith i'r 'mennydd mewn difri, ydi ystyried o ble daw y gic nesa. A sut i osgoi honno. A llenwi'r ffurflenni, a dyne ni

Dwi'n gweld 'n hun yn lwcus. Dwi yma rŵan ers dwy flynedd, a rhyw bryd, toc, mi fydd yne gynnig partnerieth. Fydde dim posib cael gwaith mwy diddorol, na hefo mwy o amrywieth. Ydi, mae'n debyg fod gwaith ffariar yn waith caled, yn galed iawn weithie, ac yn lleidar, achos mae o'n mynnu blaenorieth ar bopeth, ond popeth! Ond mewn ardal amaethyddol lewyrchus, hefo pobol dwi'n nabod erioed, bron, pwy fedre ofyn am well? Peth wmbredd yn well na 'mod i wedi aros yn Sleaford ynghanol y miloedd moch yne. Roedd yne hogle moch ar bob peth – y dillad, y car, hyd yn oed 'y ngwallt i. Roedd gen i dipyn bach o ofn yn y dechre, na fase'r ffarmwrs ddim yn 'y nerbyn i, am eu bod nhw wedi arfer 'y ngweld i hefo Rhen Wat, yn agor giatie, yn dal rhaffe, yn rhedeg i'r car i nôl hyn a'r llall, ac yn meddwl 'y mod i'n rhy ifanc, ond dwi'n meddwl fod y flwyddyn yne i ffwrdd yn Sleaford wedi gneud y gwahanieth. Rŵan, dwi'n Jim Parry, ffariar, yn lle Jim, mab Marged Parry, Argoed. Ond dwi'n James i Mam a Rhen Wat bob amser, ac felly y bydd hi, debyg, ac wrth gwrs Bij i'r mêts oedd yn 'rysgol. Dydi o ddim llawer o bwys pa enw dwi'n gael, dwi ddigon bodlon a hapus. A dwi ddigon bodlon a hapus hefo Bethan hefyd, a hithe hefo fi, dwi'n meddwl – rhyfedd 'n bod ni wedi ffeindio'n gilydd mewn ffordd o fewn chydig ar ôl imi ddod yn ôl yma, a'r ddau ohonon ni wedi bod i ffwrdd dros Glawdd Offa cyhyd.

Faswn i ddim yn meindio tase Rhen Wat yn meddwl newid yr hen gar yma chwaith, achos mae'r 'shock absorbers' wedi darfod, a dwi fel taswn i ar donne'r môr weithie, 'nenwedig ar ffordd y Bwlch 'ma. Ond ma'n nhw'n deud fod peiriant A60 yn

para am byth, felly 'wrach mai hwn fydd gen i am hydion eto. Ma' 'ne ddigon o le ynddo fo, ma'n rhaid deud hynny; mi fase'n chwith bod mewn car llai, a finne mor ofnadwy o daclus, ai dônt thinc!

Os bydd o'n cynnig partnerieth, sgwn i fydd o'n newid yr enw? Mae'r practis wedi bod yn Meredith a Watkin ers yr amser y daeth o'n bartner, ac mae'r hen Meredith wedi marw ers ugien mlynedd yn siŵr; 'wrach y gneith o'i newid o i Watkin a Parry. Mae hynny'n swnio'n dda. Watkin a Parry – ydi, mae o'n 'taro'n hyfryd ar y glust' fel y bydde Jones y Gwnidog yn deud.

'Se well imi ffonio o giosg y Bwlch, rhag ofn fod yne rywbeth yn disgwyl.

" Helo, Sali, fi sy 'ma. Sut ma' pethe erbyn hyn?"

" Wel, mae yne fuwch isio trin ei throed yn McKinney, Tŷ Du. RW heb gyrredd y bore 'ma, ac yn gofyn wnewch chi honno ar 'ch ffordd yn ôl. Does yne ddim byd arall."

" Wyddoch chi, Sali, roeddwn i'n dŵad yn y car yn meddwl mor braf oedd hi arna i, a dim un cwmwl yn y ffurfafen, ond mi rydech chi wedi creu clamp o un rŵan; fedra i ddim deud fod McKinney yn ffefryn gen i. Does yne ddim byd yn mynd yn iawn yne – i mi, beth bynnag. Reit, mi a' i yno yn syth, a gobeithio na fydda i ddim yno'n rhy hir. Ond rhyw hen le 'while you're here' ydi o bob tro, a ffeindio chwaneg o waith imi."

A, wel, feder popeth ddim bod yn berffeth, mae'n siŵr; mae'n rhaid i rywbeth fod o chwith. Ond dydw i ddim yn medru gneud hefo McKinney. Dwi ddim yn meddwl ei fod o'n rhoi digon o ofal i'w greaduried; dydyn nhw byth yn edrych yn dda, a dydi pethe ddim yn gwella yno. Mae yne rai ffermydd lle mae popeth yn gwella, dydi o ddim bwys pa mor wael maen nhw, a rhai ffermydd lle nad oes yne ddim byd yn gwella, dydi o ddim bwys faint o ofal ffariar ga'n nhw, a mae Tŷ Du yn un o'r rheini. 'Mae cyw o frid yn well na phrentis' medden nhw, a phrentis ydi McKinney, wedi hanner dysgu ffarmio, yr un fath â mae o wedi hanner dysgu Cymraeg, rhyw hanner ifaciwî, rhyw hanner bob peth, mewn ffordd. Ond mae o'n gwbod pob peth er hynny, pob blincin peth.

" Ti blydi hwyr, fi disgwyl ti bore yma. Os llo wedi marw, bai ti."

" Newydd gael y neges ddeng munud yn ôl, pan ffonies i yn ôl i'r syrjeri, Mr McKinney. Isio trin troed buwch, medde Sali; ddeudodd hi ddim byd am unrhyw lo."

" Fi gyn heifer calving, es bore, chwarter i pedwar rŵan, six hours she's been at it, bloody disgraceful it is!"

" Ddaru chi ffonio i ddeud am yr heffer, Mr McKinney?"

" Never mind trying to get out of it, ti gaddo dod yn cynnar."

" Os na ddaru chi ffonio i ddeud am yr heffer, sut oedden ni i wbod?" Mae'r hen wrychyn yn dechre codi. " Ond dydi ffraeo ar y buarth ddim yn mynd i helpu'r heffer. Dowch â bwced o ddŵr poeth a sebon a llian glân, a mi gawn ni olwg arni."

Ddaru mi bwysleisio digon ar y 'glân' yne, sgwn i? Rhyw hen lian budur, yn wlyb ac yn drewi o hen sebon, dwi'n arfer ei gael ganddo fo, nes bod breichie rhywun yn drewi ac yn mynd yn boenus. Iechydwrieth, mae isio gras – dyma fo hefo dŵr poeth mewn hen fwced mop budur, a darn o sach yn lle llian, a'r darn lleia fedre fo ffeindio o sebon. Fase neb yn credu!

" Dwi'n meddwl fod gen i lian sych a darn dipyn bach mwy o sebon yn y car, Mr McKinney, a dwi'n meddwl falle y bydd isio jel hefyd."

O'r nefoedd, mae yne waed yn diferu oddi wrthi, a dim ond pen y llo i'w weld, a mae'r tafod yn wyn ac yn stiff – wedi marw ers orie, ddwedwn i.

" Mae'r llo 'ma wedi hen farw, Mr McKinney. Ydech chi wedi bod yn trio'i dynnu o? Mae yne dipyn o waed i'w weld."

" Na, fi ddim wedi twtshad dim byd."

A dyne'r celwydd cynta!

Gwisgo welingtons a'r ffedog tynnu llo sy'n dal dŵr, a jel ar fy nwylo, a rhoi llaw i mewn yn y faneg yn reit tringar. Ia, wel, mae yne rwyg yn y fodrwy, dyne lle mae'r gwaed yn dod. Estyn 'n llaw drwy'r fodrwy yn ara, teimlo ysgwydd y llo, ac ymhellach eto – ei ben-glin o. Hen dric ydi cau'n llygid, a thrio 'gweld' y llo wrth ei deimlo fo. Y goes flaen dde yn ymestyn reit yn ôl, a'r chwith wedi plygu yn y pen-glin.

" Mae yne gortyn bêls rownd y pen-glin yma, Mr McKinney. Fuoch chi'n trio codi ei goes o?"

" Wel, just had a pwl bach, fi ddim wrthi dau munud."

A dyne'r ail gelwydd. Mae o wedi rhigo'r fodrwy wrth dynnu ar y cortyn, ac ar ôl iddo fo fethu, mae o wedi torri'r cortyn yn fyr er mwyn trio'i gael o allan, ond mae o wedi methu gneud hynny. Faint chwaneg o glwydde, sgwn i?

Mynd ati i dynnu'r llo. Digon o jel o gwmpas y pen a'r clustie, a hwthio hwnnw'n ofalus yn ôl i'r fodrwy, i neud lle. Yna codi'r goes chwith nes medru cael llaw o gwmpas y gwinedd ac unioni'r droed, a'i dynnu ymlaen drwy'r fodrwy. Yr un peth eto hefo'r droed arall. Rhaffe ar y ddwy droed, a rhoi'r rheini o gwmpas 'n 'sgwydde a thynnu'n ofalus. Dyne un peth dwi'n ei fwynhau – y teimlad o fod yn gry a medru defnyddio'n nerth. Teimlo'r 'sgwydde'n dod drwy'r esgyrn, a chael y llo yn weddol ddidrafferth. Mae'r cortyn i'w weld am y pen-glin fel rhyw gyhuddiad. Llaw i mewn yr eilweth i archwilio'r llester – anferth o rwyg yn hwnnw hefyd.

" Mi rydech chi wedi rhigo'r fodrwy a'r llester pan oeddech chi wrthi'n trio tynnu'r llo, Mr McKinney . . ."

" Paid ti trio rhoi bai ar fi, you can't skive out of this, bai ti for leaving her so long!"

" . . . a mae hi'n mynd i farw! Mi fase'n well ichi ffonio Clutton, y nacers, cyn gynted ag y . . ."

" Not so fast, colled mawr i fi, sut fi'n cael pres am yr heffer?"

" . . . medrwch chi. Mae yne lo arall yn ochor arall y llester, a mae hwnnw wedi marw hefyd, ond dwi ddim am drio tynnu hwnnw; gore po gynta ichi gael Clutton i'w nhôl hi. Os medrwch chi ei chael hi yno yn fyw, mi fydd yn werth rhyw gymint yn fwy."

Dydi o ddim am gael rhoi'r bai arna i, mi fues i mor *ofalus yn codi'r ddwy droed, dwi'n gwbod na ddaru* mi *ddim rhwygo'r llester. A mae hi'n mynd i farw, garantîd – heb sôn am ddim byd arall, mi fydd yne andros o inffecshon rownd y perfedd. Mae'r boi yn mynd dan 'y nghroen i, ei holl agwedd o. Mae o mor esgeulus o'i anifeilied, a mor ryff a dideimlad hefo nhw, a wedyn yn trio rhoi'r bai ar rywun arall. Dwi'n siŵr nad oedd o ddim wedi meddwl i mi weld yr heffer o gwbwl. Roedd o wedi meddwl y medre fo dynnu'r llo ei hun, i sbario cost ffariar, ond wedi iddo fo fethu, mae o'n trio rhoi'r bai arna i.*

" This isn't good enough." Mae hynny o Gymraeg oedd ganddo fo wedi mynd. "A cocky young vet like you, leaving a calving heifer for six hours, and then to come here and half kill her, and then try to put the blame on me . . ."

" Na, chi sy wedi hanner ei lladd hi, y chi, a neb arall." Finne'n dechre colli limpin rŵan. "A be dwi'n ddeud ydi hyn, ichi gael Clutton yma i orffen y job."

" Shut up, you bloody Welsh git, this isn't the last you've heard of this. I'm going to report you to the Royal College. I know all about the Royal College, you know, I haven't lived in Liverpool for nothing."

Waeth imi heb â dadle hefo fo; 'ateb yr ynfyd yn ôl ei ynfydrwydd', chwedl Mam, fydde hynny. Ac os na wneith o sôn am droed y fuwch yne, wna inne ddim chwaith; mynd o 'ma cyn gynted ag y medra i, pia hi. Doeddwn i ddim yn licio'r 'bloody Welsh git' yne chwaith, ond dyne ddangos yn o lew be ydi o. Calla i dewi.

Ymolchi hefo'n sebon i, a sychu hefo'n llian i, a hel y pethe yn ôl i'r A60, heb ddeud gair. Neidio i mewn tu ôl i'r olwyn.

" Ti ddim wedi gneud troed y buwch."

Allan o'r car, a hel y tacle trin traed o'r cefn. "Lle mae'r fuwch, Mr McKinney?"

" Fi ddim isio ti twtshad dim byd yn Tŷ Du eto, cocky, ti'n finished yma."

Wel, yr hen gythrel iddo fo, jest bod yn brofoclyd oedd hynne. Ond diolch am ddeud hynne hefyd, does gen inne ddim isio dy weld dithe, mêt, byth eto. Dwn i ddim faint mae o'n wbod am y Royal College, chwaith, ond faswn i ddim yn rhoi dim byd heibio fo. Mae'n rhaid ei fod o'n gwbod rhywbeth, ne fase fo ddim yn bygwth. Fase hynny'n grêt, yn base? Rhywun fel McKinney yn peri imi orfod mynd i sefyll o flaen y Disciplinary Committee. A mae'r rheini'n medru bod yn ddigon od. Roedden nhw'n ddigon caled ar Meic hefo'r tystysgrife yne 'stalwm, a doedd yne ddim rhithyn o fai arno fo o gwbwl. Gobeithio na neith o ddim byd gwirion fel'ne. Ond mi fedre, mi fedre. Hen dric cas oedd fy hel i allan o'r car i gychwyn hel pethe at droed y fuwch, cyn deud nad oedd o ddim isio 'ngweld i byth eto. Dene'r unig beth da sy wedi dod allan o hyn y pnawn yma. Pnawn yma? Iechyd, mae hi'n tynnu am chwech o'r gloch, a mi ddylwn i fod yn agor y drws am chwech i'r cŵn a'r cathod! Ta ta am baned o de rŵan. Gobeithio nad oes yne ddim byd arall yn disgwyl.

Tri yn disgwyl wrth y drws – dyn â chi defaid, a Mrs Evans a Nia fach hefo ci bach.

" Mae'n ddrwg gen i 'mod i'n hwyr, ond dowch i mewn a steddwch – fydda i ddim chwincied. Pwy oedd yma gynta?"

" Y fi, ffariar, mae'r hen gi yma'n gloff herc."

" Felly dwi'n gweld. Codwch o ar y bwrdd yma, imi gael ei weld o'n iawn."

" Mae yne rywbeth fel swigen goch rhwng dau ewin ar y droed flaen 'gosa ata i. A mae o'n boenus iawn wrth ei gyffwrdd o."

" Hwn ydi'r drwg, welwch chi. Mi fydd yn rhaid inni agor hwnne, a golchi'r drwg allan. Fydd dim isio anesthetig; dwi'n meddwl y medrwn ni neud wrth ei rewi o, a rhoi cyllell ynddo fo wedyn."

"Dydw i ddim yn un da hefo gwaed, ffariar; dwi'n debyg o ffeintio."

" Mae hynny'n iawn, peidiwch â phoeni dim. Dim ond ichi ddal yr hen gi – be 'di'i enw o? Mot? Dim ond ichi ddal Mot tra bydda i'n chwistrellu dipyn o hwn ar yr hen swigen yne, a mi fydd wedi rhewi'n syth bron."

Chwistrellu dipyn o *ethylene chloride* nes bod y swigen wedi mynd yn wen ac yn oer. "Reit , trowch 'ch pen draw tra bydda i'n iwsio'r gyllell. Dyne ni, dipyn o bowdwr M&B, a *gauze* a bandej. Ddaru chi ddim teimlo dim, yn naddo? A ddaru Mot ddim chwaith. Mae ganddoch chi gyfri yma, oes? Ia, dyma fo – Williams, 17 Bridge Street. Mi ddylse fod yn iawn. Tynnwch y bandej drennydd, os na fydd o wedi gneud hynny ei hun!"

" Wel, rŵan, Nia. Be 'di hwn?"

" Ci bach Labrador, a mae o'n dri mis oed, a dyma'r pedigri, a Penymynydd Black Jack ydi ei enw fo, a 'dan ni newydd ei nôl o o Gaer y pnawn yma, a mae o wedi pi-pi arna i yn y car . . ."

Tra oedd y llifeiriant yma'n disgyn ar 'y nghlust i, roeddwn i'n rhoi archwiliad i'r bychan – edrych ei lygid o, a'i glustie, a chymyd ei wres o.

" Pam ydech chi'n stwffio hwnne i'w ben ôl o, Mr Parry?"

" Hefo hwn dwi'n cymyd ei wres o, ti'n gweld. Mae doctor yn rhoi thermomedr yn dy geg di, ond fel hyn mae ffariar yn gneud hefo anifeilied."

" Os ydi'r ci bach yn iach," medde Mrs Evans, mam Nia, "ac os cewch chi lonydd gan yr eneth fach yma, mae'r ddynes wedi deud fod isio injectio rhag distemper, a rhoi tabledi rhag llyngyr."

" Ia, mi faswn inne'n cynghori hynny hefyd, Mrs Evans."

Wrth imi roi'r nodwydd drwy groen y ci bach, dyma sgrech.

" Ydi hwnne'n brifo, Mr Parry?"

" Nac ydi, ddim llawer, ond nad oedd o ddim yn ei ddisgwyl o. Mi fydd yn rhaid ichi roi'r dabled iddo fo ar ôl iddo fo gael bwyd, Mrs Evans. A dy job di, Nia . . ."

Ffôn. "Meredith a Watkin. Jim Parry'n siarad."

" Aneurin, Ffynnon Ddwys, sy 'ma. Mae'r hen fuwch ddu newydd ddod â llo, a mae yne rywbeth wedi dod allan ar ôl y llo, – weles i ddim byd tebyg o'r blaen, ond dwi'n meddwl ei bod hi'n bwrw'i llester. Dwi'n siŵr fod yr hen giaffar wedi deud am rywbeth tebyg."

" Dywed i mi, Aneurin, ydi'r lwmp yma'n llyfn, neu oes yne ddefed arno fo?"

" Oes, ma' 'ne resi o ddefed i'w gweld!"

" Reit, gwranda'n ofalus. Mae hi wedi towlu llester fel yr oeddet ti'n meddwl, a mi ddoi i fyny cyn gynted ag y medra i; mi ddylwn fod acw mewn rhyw hanner awr go lew. Erbyn imi gyrredd mae gen i isio i ti fod wedi cael hen gynfas gwely a rhoi hwnnw rownd y llester ar ôl iti ei gael o cyn laned ag y medri di. Cadw'r llester yn wlyb ac yn gynnes ac yn lân nes y c'ryddai. Wedyn mae gen i isio iti gael darn o bren fel hanner ucha drws cut lloue, a golchi ochor llyfn hwnnw, a gneud yn siŵr nad oes yne ddim hoelion a phethe felly'n sticio allan. A'r trydydd peth, ffonia am help; mi fydd isio dau ne' dri gweddol gry i helpu."

" Iawn, Jim. Cynfas, a top drws, a help."

" Mi fydda i'n cychwyn rŵan."

" Mae'n ddrwg gen i am hynne, Mrs Evans. Mae'n rhaid imi fynd ar frys. Dowch i 'ngweld i eto pythefnos i heno, i gael ail hanner yr injecshon. O! ia, dyne oeddwn i am ddeud wrthot ti, Nia, mae gen ti job rŵan i ddysgu Cymraeg i Black Jack. Dwi'n siŵr mai Saesneg oedd o'n siarad yng Nghaer!"

Ydi popeth gen i yn y car? Nodwydde mawr pwytho, gyt cry, procên, nodwydd injectio i'r asgwrn cefn, penisilin – mae gen i isio mwy o jel a pesaris Aureomycin. Mae gen i ddigon o galsiwm.

" Mam, dwi'n rhoi ffôn trwodd; dwi'n mynd i Ffynnon Ddwys

at fuwch wedi towlu llester. Dwn i ddim faint fydda i, ond mae gynnon nhw ffôn os eith hi'n sgrech."

Yr hen fuwch ddu, medde Aneurin; 'rargen, be 'di oed honno, sgwn i? Mae'n siŵr ei bod hi'n ddeuddeg oed, os nad yn fwy. Ac yn dod â llo gwerth ei weld bob blwyddyn. Gobeithio y bydd hi'n iawn; mae hi'n fam neu'n nain, neu'n hen nain i hanner y fuches, a mae gan Aneurin andros o feddwl ohoni.

" Argen, fuest ti ddim yn hir, Jim!"

" Dŵad fel cath i gythrel, wysti! Ydi popeth gen ti? Dwi'n gweld dy fod ti wedi medru cael cynfas rownd y llester, a mae o'n edrych yn weddol lân hefyd. Iawn, dau lond bwced o ddŵr poeth – ddim rhy boeth, rŵan. Pryd aeth hi i lawr?"

" Dydi hi ddim wedi codi ar ôl dod â'r llo, Jim."

" Mi fase'n well imi roi potel o galsiwm iddi, rhag ofn fod yne dwtsh o glwy llaeth."

Codi'r wythïen fawr yn ei gwddw hi, a gyrru'n nodwydd i mewn. *Mae'r gwaed yn edrych yn o dywyll; mae'n siŵr fod yne dipyn o sioc.*

" Dal di'r botel yma i'r calsiwm gael rhedeg i'r gwaed, a mi wna inne siafio dipyn ar y croen wrth fôn ei chynffon hi, imi gael rhoi injecshon iddi, wedyn fydd hi ddim yn nerthu yn f'erbyn i pan fydda i'n trio'i hwthio fo yn ei ôl. Rŵan 'te, tynna'r nodwydd yne allan, a jest rho ryw rwbied bach iddi, a tyd yma i ddal y gynffon yma. Cwyd hi i fyny ac i lawr imi ffeindio'r lle i roi'r nodwydd. Iawn."

Dim llawer o ymateb wrth roi'r nodwydd drwy'r croen, na phan oedd hi'n mynd i mewn i'r sbeinal canal, ond mae yne glwy llaeth, 'wrach. Mae hi'n gorwedd yn weddol wastad; mi ddyle'r procên weithio'n iawn.

" Sut mae'r gynffon yne rŵan, Aneurin?"

" Mae hi'n teimlo'n rhyfedd iawn; mae hi wedi mynd yn llipa reit, fel darn o gortyn!"

" Dyne ddyle ddigwydd; mae hynny'n iawn felly. Rŵan, lle mae dy help di, a lle mae'r hanner drws yne?"

" Dyma'r drws, a dwi wedi ei olchi o hefo Dettol, a dyma ti Bob ac Aled ar y gair."

Welingtons a'r ffedog. Tri neu bedwar clenc o wellt yn union tu ôl iddi, a lawr â fi ar 'y mhenne glinie.

“ Os coda i’r llester yma yn ’y mreichie, trïwch chi gael yr hanner drws odano fo, a wedyn mae’ch gwaith caled chi – mae isio ichi gymyd pwyse’r llester ar y drws, tra bydda i’n trio’i hwthio fo’n ôl.”

Dyma’r gwaith caleta geith ffariar byth; fedra i ddim iwsio nerth ’y nghefn pan dwi ar ’y nglinie, dim ond nerth bôn braich. A dwi’n teimlo ’nghefn i’n wlyb o chwys, a dim ond newydd ddechre.

“ Mae o’n dechre mynd, bois; dwi’n ei deimlo fo’n dechre mynd. O, damit! Paid, wnei di. Mae hi’n nerthu yn ’yn erbyn i, a mae hi’n gryfach na fi. A dyne fo allan i gyd eto! Sbel fach, ’te, hogie. Dwi’n chwysu chwartie yn yr hen ffedog ’ma.”

Ac felly, ennill dipyn colli dipyn, ond yn raddol ennill mwy a cholli llai.

“ Mae o fel hosan tu chwith allan, a dwi’n trio’i gael o i fynd yn ei ôl. Taswn i’n medru ei gael o i gychwyn drwy’r fodrwy mi fydde’n haws o lawer wedyn. Hold on, mae’n mynd, mae’n mynd, mae o wedi mynd, a diolch fyth am hynny. Iechyd, mae hi’n job galed!” Ac ochenaid fawr.

“ Jim,” medde Aneurin, “ mae gen i ofn fod yr hen fuwch wedi mynd hefyd.”

“ O, na! O, damit! Mae’n ddrwg gen i, Aneurin. Dyne pam yr aeth y llester i mewn mor rwydd yn y diwedd! Marw’r oedd hi! Ar ôl yr holl ymdrech. Mae’n andros o sioc i’r system, y towlu llester ’ma – a mi ddaru mi feddwl fod y gwaed yn dywyll, a mae’n debyg nad oedd ei hoed hi ddim help. Mae’n andros o ddrwg gen i, Aneurin, ond dwi ddim yn meddwl y medren ni fod wedi gneud dim byd mwy iddi. Hi oedd yr hen frenhines, yntê? A mi fydd yne fwlch ar ei hôl hi!”

“ Fedret ti neud dim mwy, Jim, mi wnest dy ore, does yne ddim bai arnat ti. Yr hen greadures wedi cyrredd pen y daith, debyg. Does arni ’run geiniog imi, mae hynny’n ddigon siŵr.”

I’r tŷ.

“ Wel, Jên, boddi yn ymyl y lan wnaethon ni, a’r hen fuwch hefyd, o ran hynny.”

“ Ia, biti yntê? Gymwch chi baned o de? Ond pryd gawsoch chi fwyd ddwytha, o ran hynny?”

“ Mi ges i sandwijes tua’r hanner dydd ’ma, a dwi ddim yn meddwl imi gael dim byd ar ôl hynny, Jên.”

“ Wel, steddwch yn y fan’ne; fydda i ddim jiff yn gneud bacyn ac wy ichi, a ffrio dipyn o datws hefyd.”

Dipyn o wahanieth rhwng Aneurin a McKinney! Dipyn o wahanieth rhwng colled Aneurin a cholled McKinney hefyd – a gwahanieth yn y rhesyme am y ddwy golled, petai’n dod i hynny. Gwahanieth cefndir a gwahanieth cymeriad. Petawn i’n cael ’n ffordd, dwi’n meddwl y baswn i’n rhoi gwbod i McKinney nad ydi o ddim yn dderbyniol yn y practis.

Deud hanes y diwrnod wrth Mam, am y siom yn Ffynnon Ddwys, ac wedyn am McKinney a’i gelwydde a’i dricie.

“ Dwi’n eu cofio nhw’n dŵad o Lerpwl, y fo a’i dad a’i fam, a mae’r rheini wedi eu claddu erbyn hyn. Dechre’r rhyfel oedd hi, a roedd o’n siŵr o fod yn ddeuddeg neu’n dair ar ddeg oed. Dipyn o drafferth hefo fo yn yr ysgol, os ydw i’n cofio’n iawn. Dwi ddim yn siŵr nad oedd yne dipyn o sôn fod ganddo fo ddwylo blewog. A does neb yn rhyw siŵr iawn sut aethon nhw dros ben yr hen John Williams a chael Tŷ Du ar ei ôl o, chwaith. Roedd yne ryw ddrwg yn y caws yn rhywle. Roedd ganddo fo gefnder cyfa yn byw yn y Bala, a chafodd o’r un geiniog yn y ’wyllys! Dydyn nhw ddim llawer o bethe, cred di fi.”

“ Gobeithio na wneith o ddim helynt hefo’r Royal College, beth bynnag.”

“ Wneith o ddim, neno’r Tad, a phetai o’n gneud, dim ond ei air o yn erbyn dy air di fydde hi. Ac ar bwy fasen nhw’n gwrando? Arnat ti. A mi fydde Richard tu cefn iti. Paid â mwydro dy ben am beth mor fychan, James.”

“ Ia, debyg.”

Ond mae hynne wedi gadel blas drwg yn ’y ngheg i, er nad oes yne ddim bai arna i. Dwi ddim yn licio ffraeo ar unrhyw amser, ond i hwnne godi ffrae ar sylfaen o gelwydd, mae hynny’n waeth. ‘Cocky young vet’! Y fo ’di’r unig un mewn dwy flynedd i dynnu ar draws ’y mod yn rhy ifanc – a dyne un o’r pethe oedd gen i ofn fwya. A mi roeddwn i ar clawd lyci sefn cyn mynd i Tŷ Du. Pwy fase’n meddwl?

Ac i hynne ddigwydd yn Ffynnon Ddwys wedyn. Mae heddiw wedi mynd yn o fflat.

Pennod 2

" Chymra i ddim chwaneg o frecwast, Mam. Dwi'n meddwl yr a' i i lawr i'r syrjeri yn gynnar, ac wedyn mi ga' i ddeud wrth RW am heffer Tŷ Du – mae gen i ryw deimlad y bydd McKinney'n trio codi helynt ryw ffordd ne'i gilydd."

"Sut mae pethe y bore 'ma, Sal?"

"Dwi'n iawn, Jim, ond dydi o ddim," a gwnaeth arwydd hefo'i bawd tua chysegr sancteiddiolaf RW. "A mae o isio dy weld di ar unweth."

"Be sy'n ei boeni o, 'te?"

"Dwi ddim yn gwbod, ond mae o wedi bod yn Tŷ Du hefo McKinney y peth cynta bore 'ma, a doedd dim hwylie o gwbwl pan ddaeth o i mewn."

"Ond roedd y ffôn trwodd i ni yn Argoed neithiwr, a chawson ni ddim galwad – os na ddaru McKinney ei ffonio fo ar ei ffôn preifat. Mi ddeudis i wrtho fo am yrru'r heffer yne i ffwrdd i Clutton, a mae'n rhaid ei fod o wedi ffonio RW ynglŷn â hynny. Wel, os oes rhaid mynd i ffau'r llewod, gore po gynta." Mi drois at y drws, rhoi cnoc, a cherdded i mewn.

Roedd Richard Watkin yn eistedd yn ei gadair y tu ôl i'w ddesg, a golwg blin arno, blin iawn hefyd.

"James," medde fo'n ddigon sarrug, a heb ragymadroddi, "mi ddaru McKinney, Tŷ Du, ffonio'n gynnar y bore 'ma, yn cwyno'n ofnadwy arnoch chi, ac yn deud fod yr heffer fuoch chi'n tynnu llo oddi wrthi pnawn ddoe wedi marw. Mi es i fyny yno'n syth. Roedd yr heffer ar y buarth yn disgwyl i Clutton ddod i'w nhôl, a golwg wedi hen farw arni; a fel petai hynny ddim digon, roedd yno lo arall ynddi hi. Mae'r peth yn hollol anfaddeuol; mae'n rhaid i chi wneud yn siŵr *bob amser* nad oes yna ddim llo arall. Bod yn esgeulus ydi peidio gneud hynny, James, a mae hynny'n rhywbeth y medre fo fynd â chi, a finne, i lys barn i hawlio iawndal amdano. A mi roedd o'n sôn am riportio'r peth i'r Royal College.

"Fedrwn ni ddim fforddio dim byd felly, a dyna pam y penderfynes i, yn y fan a'r lle, y bydde'r practis yn talu £120 am yr heffer, sef ei gwerth hi pnawn ddoe pan oedd hi'n fyw. A mi gewch chi dalu amdani o'ch cyflog bob mis."

Fedra i ddim credu be dwi'n ei glywed – mae'n rhaid fod McKinney wedi bod yn palu clwydde, a bod Rhen Wat wedi llyncu pob peth.

"Fedra i ddim credu hyn, Mr Watkin. 'Dach chi'n gwbod na fyddwn i ddim yn gneud y fath beth – neu o leia' mi faswn i'n disgwyl fod gynnoch chi ddigon o ffydd ynddo i, ac yn fy ngwaith i, i wbod hynny. Pan gyrhaeddes i Tŷ Du pnawn ddoe, roedd yr heffer yn gwaedu; roedd McKinney wedi bod yn trio tynnu'r llo ei hun, ac wedi ei gwaedu hi. Mi es i ati i gael y llo, a ches i ddim llawer o drafferth i'w gael o, chwaith, a ffeindio fod y llester wedi rhwygo, a fo oedd wedi gneud hynny, nid y fi. Mi ddeudes ei bod hi'n mynd i farw oherwydd y rhwyg, a nad oedd dim diben trio tynnu'r llo arall achos roedd hwnnw wedi marw hefyd, ond y bydde hi'n well ffonio Clutton i ddod i'w nhôl hi'n syth. Dwi'n gwbod 'y mod i wedi codi ei wrychyn o, achos mi ddeudes wrtho fo ei fod o wedi hanner ei lladd hi, ac y bydde'n well iddo fo gael Clutton i orffen y gwaith."

Erbyn hyn roeddwn i'n teimlo 'ngwyneb i wedi mynd yn oer, ac roeddwn i'n teimlo fy llais yn crynu wedi gwylltio cymint, a doedd dim llawer o bwys gynno i be ddeudwn i wrtho fo. "Rhywbeth i chi ydi penderfynu talu am yr heffer o arian y practis, ond os ydech chi'n meddwl y medrwch chi dynnu arian o 'nghyflog i bob mis – ddim ffiars, Mr Watkin. Yn syml reit, fydda i ddim yma i chi gael gneud. Dwi yma ers dros ddwy flynedd, a mi ddois yma hefo'r addewid o gael dod yn bartner, a chlywes i ddim mwy o sôn am hynny ers y diwrnod cynta y bûm i'n gweithio yma, na hyd yn oed sôn am godiad cyflog chwaith. Ac wedi clywed hyn y bore 'ma, dwi ddim yn siŵr y byddwn i isio bod yn bartner. Mae isio medru ymddiried mewn partner, a doeddwn i ddim yn meddwl y byddech chi, o bawb, yn cymyd gair y Tŷ Du yne, heb hyd yn oed 'n holi i beth oedd fy ochor i i'r stori, a mae hynny wedi'n siomi i'n ofnadwy. A deud y gwir, mae hynny'n brifo."

Wel, dwi wedi ei gneud hi rŵan. Do'n i ddim wedi meddwl deud hynna i gyd, a dwi'n gweld ar wyneb Rhen Wat ei fod o wedi mulo o ddifri; mi fydd hi'n ddyddie cyn y daw o at ei goed. Syrfio fo reit. Dwi wedi gneud 'y ngore iddo fo yn y practis ers y diwrnod cynta, a mae o'n 'y nabod i ers pan oeddwn i'n fabi. Mi ddyle fod â mwy o feddwl ohona i nag i gymyd y baswn i'n gneud hen beth sâl fel'ne. Ond dyne'r breuddwyd o Watkin a Parry wedi ei chwalu'n rhacs jibidêrs – waeth imi ddechre chwilio am waith rŵan.

" A beth bynnag, nid y fi oedd i fod i fynd i Tŷ Du; roedd o i lawr ar y llyfr i chi alw yno i weld buwch gloff yn y bore, ond eich bod chi wedi methu cyrredd – ond petaech chi wedi medru cyrredd, yne chi fydde wedi bod yn y picil ac nid y fi."

Ac allan â fi. Roedd Sali'n siŵr o fod wedi clywed y lleisie uchel yn yr offis, ond ddeudodd hi ddim byd. Wnes inne ddim ond ysgwyd fy mhen ac edrych ar y llyfr i weld be oedd gwaith y bore – mi fydde'n rhaid gneud hwnnw, beth bynnag oedd yr anghydweld.

"Dwi am fynd i lawr y dyffryn, dwi'n meddwl, Sali – y llo sâl yne yn Gwernog – ac yna Bryn Gwyn a Plas Ywen, ac 'wrach y bydda i mewn gwell hwylie pan ddo i'n ôl. Mae yne ffôn yn y ddau le ola, a mi gewch chi afel arna i yn y naill le ne'r llall. Mae'r pethe gen i os bydd isio opereshon yn Plas Ywen. Mi rodda i wbod ichi os bydda i'n debyg o fod yn hwyr, a mi gewch chi roi gwbod i Mam."

Wedi rhoi petrol yn yr A60 o'r pwmp ar yr iard, dyma gychwyn allan ar y rownd. Bore heulog braf a dipyn bach o flas yr hydref, a'r Dyffryn yn hardd, ond doeddwn i ddim yn gweld llawer o wyrthie natur, mae'n rhaid cyfadde.

Dwi'n bump ar hugien oed. Pwy mae o'n ei feddwl ydy o, i ddechre 'nhrin i fel yne? Mae o'n gwbod 'mod i'n onest yn fy ngwaith, ne' mi ddyle wbod – ac yn mynd i dynnu pris yr heffer allan o 'y nghyflog i. Dydi o 'rioed wedi sôn am ychwanegu *at 'nghyflog ar ôl imi wneud dipyn o strôc o bethe – ia, beth am Jim Bach, Gwernog? Fase fo ddim hefo ni yn y practis o gwbwl ond 'n bod ni'n fêts yn yr ysgol . . . Sgwn i be sydd ar ei lo fo, beth bynnag? Mae'n swnio fel tase fo'n mynd yn ddall ne'n wirion. Rhyw le dipyn yn flêr sy gan Jim o ran hynny; 'wrach fod y llo wedi cael gafel ar baent neu rywbeth . . . Mi fase £120 yn wythfed rhan o gyflog blwyddyn i mi. Iechyd mawr, dwi ddim am aros yma os mai felly mae hi'n mynd i fod. Mi ffonia i Ifor heno 'ma; mi ddyle fo fod yn gwbod lle mae yne waith locum i'w wneud. Mi fydde'n well gen i wneud locums am dipyn, yn hytrach nag aros yn y fan yma, ac wedyn dechre chwilio o ddifri am rywle i fynd.*

Roedd isio agor a chau tair giât i fynd i'r Wernog, a doedd yr un ohonyn nhw'n hongian yn iawn; isio codi blaen y giât a hanner ei chario i'w hagor. Ond wedyn, tenant oedd Jim Bach, ac os nad oedd y meistar tir am wario llawer ar y lle, doedd dim disgwyl i Jim wneud, chwaith.

"Lle mae'r llo 'ma, Jim?"

"Mae o yn y cut lloue, wrth yr hofel, Bij, a chymer ofal wrth fynd i mewn – mae'r hen lo yn walltgo ulw, yn neidio i fyny'r walie, a does dim tryst na wneith o ruthro rhywun."

Wel dyne beth rhyfedd, does yne fawr neb yn fy ngalw i'n Bij erbyn hyn. Roedd yne dri James Parry yn yr ysgol. Fi oedd y tala a dyna pam y ces i'r enw Big Jim, a hwnnw'n troi yn Bijim ac yn Bij; a'r James Parry yma oedd y lleia, a dyna pam y cafodd o'r enw Jim Bach (ond erbyn heddiw y fo ydi'r tala o gryn dipyn); a'r trydydd yn James Edward Parry, a Jim Ed oedd o. Ond Bij oeddwn i i Jim Bach, a Bij fydda i, am wn i.

Roedd y llo'n sefyll ac yn gwasgu ei ben yn erbyn y wal, ac yn crensian ei ddannedd, a mi roedd hi'n weddol amlwg mai arwyddion gwenwyno hefo plwm oedd y rhain.

"Oes yne rywle y base'r llo 'ma wedi cael llyfu plwm, Jim? Dwi'n meddwl mai dyne sy arno fo – llyfu drws a hen baent, ne' hen dun paent, ne' hen fatri car, ne' rywbeth tebyg." Ac wrth imi edrych ar ddrws y cut, roedd yne olion llyfu ar hwnnw. "Mae'n siŵr gen i fod yne hen baent hefo plwm yno fo ar y drws 'ma, a mae o'n felys, mae'n debyg, a dyne pam y mae lloue'n llyfu. Pryd dechreuodd o ymddwyn yn od, Jim?"

"Wel, roedd o'n iawn pnawn ddoe, beth bynnag."

"Reit, mi rown ni injecshon iddo fo yn y gwaed, ac un arall fory, a mi ddyle wella'n iawn. Ond mae'n rhaid iti ynte gael drws arall heb baent, ne' hoelio sinc ne' rywbeth dros y drws, i'w rwystro fo rhag llyfu, ne' mi fyddwn yn gweld yr un peth eto."

"Be wyt ti'n 'i roi iddo fo, Bij?"

"Os ydw i'n cofio'n iawn, yr un un peth ag oedden nhw'n ei ddefnyddio yn Ffrainc adeg y Rhyfel Mawr cynta i drin pobol oedd wedi cael eu gwenwyno gan nwy yn y trenshys – British Anti Lewisite. Faint o dy gemistri wyt ti'n gofio, Jim? Rhywbeth ydi o sy'n uno hefo'r plwm ac yn ei dynnu o allan o gylchrediad y gwaed – ond mae'r peth yn o gymhleth, a dwi ddim yn cofio'n union sut. Beth bynnag, mae o'n gweithio mewn cesys fel hyn."

Dwi'n siarad gormod rŵan. Sgwn i fedrwn i siarad hefo Jim? Na, does dim isio i neb arall wbod am y ffrae. Rhywbeth rhwng Rhen Wat a fi ydi hyn, o fewn y practis beth bynnag; mi fydda i'n cael agor 'y mol i Ifor heno. Tawn i ar fai mi fydde'n wahanol, ond dwi ddim yn meddwl 'y mod i. Mae *gyna i dipyn o falchder yn 'y ngwaith, a dwi'n credu 'mod i'n eitha ffariar petai'n dod i hynny, a mae cael 'y nghyhuddo ar gam yn brifo, a mae'r holl beth yn corddi yn 'y mol i.*

"Wela i di fory, Jim, a mi ddylwn weld gwell golwg arno yn siŵr."

Dipyn o wahanieth yn Bryngwyn. Y buarth yn daclus ac yn lân, a'r côr wedi ei garthu, a dim ond un fuwch yno, a honno ynghlwm wrth yr aerwy. Roedd John Defis wedi deud ar y ffôn ei bod hi wedi mynd oddi ar ei bwyd, a'i fod o wedi ei chlywed hi'n tuchan, digon i mi feddwl ei bod hi wedi llyncu weiar.

"Be 'di hanes hi, Mr Davies?"

"Fel y deudes i ar y ffôn, Jim, ma' hi'n tuchan, ac yn byta nesa peth i ddim, a bore 'ma doedd ganddi fawr ddim o laeth chwaith. A ma' hi wedi meinio yn gebyst, ac yn sefyll fel y gweli di, a rhyw hen grwmp yn ei chefn hi. Ma' hi'n andros o debyg i'r fuwch honno'r gwanwyn, honno oedd wedi llyncu weiar."

"Dwi bron yn siŵr eich bod chi'n iawn, Mr Davies; 'rhoswch imi gymyd ei gwres hi a gwrando dipyn ar y god fach i neud yn berffeth siŵr. Ac os yden ni o'n dau'n iawn, wel, mae hi ddigon gwag imi fynd ati yn syth i'w hagor hi i dynnu'r weiar."

Mae o'n rhy styfnig i ddeud ei fod o ar fai – felly roedd o hefo busnes y brych hwnnw ers talwm, y fi wedi deud ar y ffôn y baswn i'n tynnu'r brych ar y pedwerydd diwrnod, a fynte'n deud nad oeddwn i ddim yn iawn ac y dylwn i dynnu'r brych ymhen tridie, ac yn gwrthod gweld na chyfadde mai'r un peth oedd y naill a'r llall. Mi roedd pethe'n o oer yn yr offis am ryw dridie amser 'ny; dwn i ddim sut y bydd hi y tro yma.

Edrych ar y watsh awr i neud hon; mi ddylwn i fod yn iawn.

"Dwi'n meddwl y gwnawn ni hon yn syth, Mr Davies. Mae'r offer gen i yn y car."

Injecshon o dan y croen mewn llinell lle'r oeddwn i am agor, ac wedyn drwy'r cyhyre o dan y croen. Siafio darn rhyw droedfedd sgwâr, ac eiodîn.

"Dwi'n meddwl y bydd hi wedi rhewi rŵan. Daliwch yr efel yne'n reit dynn tra bydda i'n agor hefo'r gyllell. Ydi, mae hi'n iawn."

Agor i lawr drwy'r cyhyre, ac i mewn i'r abdomen. Tynnu'r god fawr i fyny at yr agoriad, a'i bwytho i'r croen bob ochor.

" Dyma chi un peth dwi'n fwynhau, Mr Davies, ydi trin y gyllell. Roedd yr hen Proff yn Lerpwl yn andros o athro da, a mi roedd ei wersi o ar lawfeddygeth yn werth chweil."

Agor croen y god fawr, a gwthio'n llaw i mewn a thros y gwair sych oedd ynddo fo, ac ymlaen i'r god fach.

" Mae yne weiar yma, fel oeddech chi'n feddwl, Mr Davies, yn y crwybyr fel y deudes i wrthoch chi tro dwytha. Dim ond yr un, eto. Fasech chi ddim yn meddwl y medre darn mor fychan achosi cymint o boen a helynt."

Pwytho'r agoriad yn y god fawr, torri'r pwythe oedd yn ei ddal o'n sownd wrth y croen, pwytho'r cyhyre, a'r croen. Injecshon penisilin. Edrych ar y watsh – pum munud llai nag awr – ddim yn ddrwg!

Wneith o ddim deud ei bod hi'n ddrwg ganddo fo, ac yn ddigon siŵr dydw i ddim am wneud. Wneith o ddim symud am ei fod o'n rhy styfnig, a wna i ddim chwaith – ddim arna i mae'r bai o'r dechre.

"Mae'r weiar 'ma'n union 'run fath â honno gawsoch chi yn y gwanwyn, Mr Davies. Rhyw ddwy fodfedd o hyd oedd honno, a'r un un copr gloyw, yntê? Maen nhw'n edrych fel rhyw dameidie o weiar teleffon. Pryd cawsoch chi roi'r ffôn i mewn, deudwch?"

"Mis Ebrill, dwytha un."

"Wel, dwi'n meddwl fod dynion y ffôn wedi bod yn torri'r tameidie oedd yn rhy hir, ac yn eu gollwng nhw, neu'n eu lluchio nhw dros y gwrych i'r cae, a bod y ddwy fuwch wedi bod yn pori cloddie, ac wedi eu codi nhw felly. Dwi'n meddwl fod ganddoch chi le i gwyno am hyn. Mae o wedi achosi dipyn o golled ichi yn barod – cost dwy opereshon, heb sôn am golled eu llaeth nhw, a mae'r ddwy fuwch wedi colli graen. Mi faswn i'n siarad hefo'r Undeb taswn i chi, ac os byddan nhw isio i mi sgwennu llythyr, wel, iawn, dwi'n berffeth fodlon gneud. Ond beth bynnag newch chi, cadwch eich gafel ar y ddwy weiren."

Mi gawn ni weld. Mae'n nawfed ar hugien heddiw, a dwi'n arfer cael cyflog ar y dydd Llun cynta o bob mis, a mae hynny dy' Llun nesa felly, ond os bydd o wedi tynnu arian allan am yr heffer, mi ddeuda i 'mod i'n gadel yn syth. Faswn i ddim yn hir yn hel 'y mhethe, ond mi fase'n rhaid imi gael benthyca car Mam. Hy, fydd hi ddim yn dda yn y fan honno, chwaith; mae hi mor driw i'r practis. O! na, dyna broblem; mi fydd Mam isio imi anghofio'r busnes i gyd, a chymyd arna'i nad oes yna ddim byd wedi digwydd, ac y daw pethe'n iawn ymhen amser. Ond dwi ddim yn meddwl y medra i neud hynny; dwi ddim yn meddwl y medra i anghofio. Wrth gwrs mi fydd Mam yn deud 'mod i'r un mor styfnig â fo.

Buwch gloff yn Plas Ywen, a neb ar gael, dim ond nodyn ar ddrws y beudy yn deud ei bod wedi ei rhwymo ac wedi bod yn gloff ers deuddydd, a bod yne ddŵr a sebon a llian y tu ôl i'r drws. Troed flaen dde wedi chwyddo yn y sowdwl, ac yn drewi, bobol bach – llaith. Golchi dwylo a sychu yn y llian glân, sych, dipyn gwell na'r tameidie o sach fydd yn cael eu cynnig weithie, injecshon *sulpha mezathine* ac adre am ginio.

"Mam, wyt ti'n gwbod be ddeudes i am heffer McKinney neithiwr – wel, mi ffoniodd o RW y bore 'ma, a mi ddeudodd gelwydd wrtho fo, a mae RW wedi credu 'mod i wedi gadel yr heffer heb edrych oedd yne lo arall, a bod hi wedi marw am 'y mod i 'di bod yn esgeulus, a mae o wedi deud fod y practis am dalu amdani, a, gwranda, Mam, mae o'n mynd i dynnu arian o 'nghyflog i i neud i fyny. A dwi wedi deud 'mod i am adel os bydd o'n gneud hynny. A dwi wedi cael bore annifyr yn troi popeth drosodd a throsodd yn 'y meddwl. Dwi'n meddwl ei fod o'n annheg . . ."

"James bach, stedda i lawr, a bydd dawel am funud. Mi ffoniodd Sali i ddeud y byddet ti'n hwyr i ginio, a dy fod wedi ffraeo hefo Richard. Rwyt ti'n gwbod mor wyllt wyt ti . . ."

"Gwyllt? Y fi? Taset ti'n ei weld *o*!"

"Ia, gwyllt. Dwi'n siŵr y bydd pethe wedi tawelu toc, ac y bydd Richard yn sylweddoli ei fod o wedi methu."

"Nefar, Mam, mae o'n styfnig fel mul, neith *o* ddim cyfadde . . ."

"Wnei dithe ddim chwaith; mae'r ddau ohonoch chi mor styfnig â'ch gilydd. Mae'r ddau ohonoch chi wedi bod yn styfnig erioed; does yne ddim troi ar y naill na'r llall ohonoch chi. A be sy'n mynd i ddigwydd i'r practis pan wyt ti'n codi dy bac? Wyt ti wedi meddwl am hynny? Rwyt ti wedi dod rŵan i fedru 'sgwyddo dipyn o faich y practis erbyn hyn, a mi rwyt ti â dy fryd ar fod yn bartner . . ."

"Mam, dwi ddim yn siŵr 'mod i isio *bod* yn bartner os mai dyne mae o'n ei feddwl ohona i . . ."

"James, paid ag ymddwyn fel plentyn bach. Rwyt ti'n gwbod fod Richard yn medru bod yn fyrbwyll, a mi rwyt tithe'r un mor fyrbwyll. Ymhen wythnos mi fyddwch chi'ch dau wedi anghofio popeth. Pwy fydde Richard yn medru ei gael ar fyr rybudd? Dydi . . ."

"Roedd isio iddo fo feddwl am hynny cyn . . ."

"James, dwi'n dechre colli amynedd – stedda yn y fan'ne a byta dy ginio, a phaid â deud dim byd nes y byddi di wedi gorffen. Does gen i ddim isio clywed gair yn chwaneg."

Pam mae hi'n cymryd ei ochor o? Dydi hi ddim yn cymyd dim sylw o be dwi'n deimlo. 'Dydi'r blwmin practis 'ma'n bwysicach na phob peth ganddi? Olreit, roedd hi'n gweithio yma cyn priodi, cyn 'y ngeni i, ac wedi bod a'i bys yn y potes ar hyd y blynyddoedd, ond ei blaenorieth hi ydi hynny; does dim rhaid i mi fod yn teimlo'r un fath – a dydw i ddim chwaith. Wel, os ydw i'n berffeth onest, 'wrach 'y mod i i ryw radde. Ond dwi ddim yn gweld fy hun 'y nghlymu fy hun gwanwyn, haf, hydref, gaeaf hefo rhywun sydd a chyn lleied o feddwl ohona i. 'Wrach 'y mod i wedi bod dipyn yn chwyrn hefo McKinney, yn deud ei fod wedi hanner lladd yr heffer; amser hynny y gwylltiodd o, a wedyn mi wyllties inne. Ia, wrth feddwl, dydi Cymraeg yr hen Sgowsar ddim yn wych iawn, ac 'wrach na ddalltodd o ddim 'y mod i'n deud fod isio ffonio Clutton i ddod i'w nhôl hi. Ond wedyn, dydi hynny ddim yn rhoi'r hawl i dynnu arian o 'nghyflog i i dalu amdani. Mae pennaeth practis i fod yn gefn i'r cynorthwyydd; ddyle fo ddim bod yn rhoi dirwy arno fo. Olreit, 'wrach fod yne ryw gymint o fai arna i, ond dydi hynny'n newid dim – os bydd o'n tynnu 'nghyflog i i lawr mi fydda i'n rhoi notis yn y fan a'r lle. Mi fydd yr hen If yn chwerthin – ia, dyne rywbeth, mi fydd yne o leia un yn gweld y peth yn ddoniol pan fydda i'n ffonio heno. "Trio dod yn rhydd o afel y Roc, ia?" a "Ha, Ha" fawr, dwi'n siŵr.

"Reit, Mam, dwi'n mynd yn ôl rŵan, a mi gawn ni weld sut eith pethe."

"Ia, wir, Jim, a meddwl dipyn cyn agor dy geg – y calla i dewi, cofia."

Mi ges i ryw syniad bach ar y ffordd yn ôl.

"Sali, roedd hi'n ddydd Mercher ddoe, a mi roedd Rhen Wat heb orffen ei rownd. Pa ddiwrnod oedd hi pan fuodd raid imi fynd i weld y ci hwnnw wedi rhigo'i ewin yn Marshal Street?"

Edrychodd Sali yn ôl drwy'r dyddlyfr. "Ia, pythefnos i ddoe oedd hynny, ond mae hyn wedi digwydd o'r blaen, Jim; mi fuo raid iti fynd i neud rhywbeth yn y Llindir rywbryd, hefyd. Aros funud, ia, dyma fo, trin troed buwch, a dyna i ti beth rhyfedd, roedd hynny ar ddydd Mercher hefyd. Jim, wyt ti'n meddwl be dwi'n feddwl . . .?"

"Ydw, dwi'n meddwl fod gan Rhen Wat lefren yn rhywle, a mae o'n ei gweld hi ar bnawn dydd Mercher – wel, bob yn ail ddydd Mercher, beth bynnag – a mae'n siŵr ei fod yn ei gweld hi bob yn ail benwythnos hefyd. Pan 'dech chi'n meddwl, mae o wedi bod yn rhyw dipyn o afr ar drane ar fore dydd Mercher yn ddiweddar 'ma. Ia, wel . . . Diolch ichi am ffonio Mam, ond mi fedra i ddeud wrthoch chi, ches i ddim llawer o gydymdeimlad ganddi hi. Sut buodd hi yma ar ôl i mi fynd y bore 'ma?"

"Ddeudodd o ddim byd, dim ond edrych ar y llyfr, a sgwennu rhestr o ble roedd o'n mynd, ac i ffwrdd â fo. Ond roedd golwg fel bwc arno fo."

"Helo, ydi Ifor yne, os gwelwch yn dda? Ifor Lewis ffariar . . . O, wel, oes yne rif ffôn yn Aberystwyth 'te? Diolch yn fawr."

"Helo, If? Sut wyt ti, wâ? Long taim no sî."

"Wel, Bij fachgen, sut wyt ti? Iechyd, mae'n rhaid fod yne rywbeth mawr yn bod cyn dy fod yn poeni chwilio am 'n rhif ffôn i yn fa'ma. Helynt merched? Rwyt ti wedi dod i'r lle iawn – fi sy'n rhedeg colofn Marjorie Proops yn y *Vet Record.* Ne' wyt ti isio benthyg arian? Rong plês i hynny, fachgen, dwi'n gwario bob ceiniog – 'na ofala dros yfory' a phethe felly. Hold on, dwi'n synhwyro dy fod di isio ymryddhau rhag tentacle'r ffemws Roctopws! Y Roc sy'n iste'n ddirgel, lonydd, ynghanol pob practis milfeddygol, ac yn gwasgu'n dynnach, dynnach bob munud awr. Mae gen i ddeunydd pregeth yn fan'ne, wysti Bij; mi fedra i feddwl am dri phen y bregeth rŵan, a beth am yr emyn? Wel, dim ond 'Roc of Ejys' . . ."

"Rho gore iddi, If, da ti, a tyd i mi gael gair i mewn. Ond mae'n rhaid deud fod yr hen ecstrasensori'n gweithio'n o dda hefyd. Dwi wedi cael dipyn o ryw ffrae hefo Rhen Wat – dwi'n siŵr dy fod wedi ei gwarfod o pan oeddet ti i lawr yma y tro dwytha. 'Da' i ddim i ferwino dy glustie di hefo'r manylion, ond, yn fyr, mi es i i dynnu llo, a mi roedd y ffarmwr wedi trio ei hun, ac wedi rhigo'r llester. Mi ges i'r llo yne'n ddigon rhwydd, ond ddaru mi ddim trio tynnu'r llo arall achos oedd o wedi marw, a mi ddeudes i wrtho fo am ffonio Clutton. Ddaru o ddim, ond mi ffoniodd o Rhen Wat a mae hwnnw wedi cymyd fod y bai arna i, ac yn mynd i dynnu cost yr heffer allan o 'nghyflog i. Glywest ti'r fath beth, If? Yn mynd i dynnu arian o 'nghyflog i bob mis! A dwi wedi deud wrtho am fynd i ganu, fwy ne' lai. Isio gwbod ydw i, sut mae mynd o'i chwmpas hi i gael locum reit sydyn, os bydd o *yn* cwtogi 'nghyflog i. Dyne ti, in a nytshel!"

"Bij, dwi'n cael y teimlad, taswn i acw y funud yma, mi faset yn rhoi dy ben ar ysgwydd dy hen Yncl Ifor, ac yn wylaw dagrau heilltion, ac yn rhwygaw ymaith dy wallt gloywddu, ac yn chwythu bygythion, ac yn tyngu melltithion, ac eto dwi ddim yn meddwl fod dy galon di yn y peth, rywsut. Wyt ti'n siŵr nad rhyw dipyn o storm mewn cwpan de ydi hyn? Wysti, Bij, fedra i ddim meddwl y base neb oedd yn llawn llathen yn gneud hynne hefo'i assistant. Dipyn bach o olew ar wyneb y dyfroedd sy isio, debygwn i. Ond beth bynnag, dydi'r papure ddim gynnai yn y fa'ma, ond mi fydda i adre dy' Sadwrn a mi rodda i wbod iti amser 'ny, os bydd raid. Ond o ddifri rŵan, a dwi'n medru bod o ddifri weithie, dydi gwaith locum ddim yn wyn i gyd, wysti. Dwi'n gwbod fel yr ydw i wedi gneud hwyl am dy ben di yng nghrafange'r Roc, ac wedi brolio fel yr ydw i'n cael dwyweth dy gyflog di, a dim ond yn gorfod gweithio hanner y flwyddyn. Ond yn ddiweddar 'ma, dwi wedi teimlo na wna i byth setlo yn un man fel hyn, yn rhyw neidio fel cangarŵ o bractis i bractis, a bron nad ydw i'n eiddigeddus ohonat ti yng ngafel y Roc. Paid â chymyd hynny'n efengyl, cofia, ond mae'n rhaid cyfadde i ryw anesmwythyd. Ond wedi deud hynny, does dim byd yn haws nag imi drefnu locum iti, a hynny ar fyr rybudd hefyd.

"Ond beth am bethe pwysig y byd sydd ohoni? Sut mae'r lanwaith, berffaith Bethan? Diawc, Bij, mae hwnne'n gynghanedd – groes o gyswllt ewinog lleddf a thalgron, choelia i byth. Oes yne sŵn ym mrig y morwydd? Oes yne sôn fod clych yr eglwys yn mynd i wahodd tua'r llan? Wyt ti wedi ordro dy Fòs Bròs? Dwi'n cynnig gwasaneth cyflawn, cofia – Ifor Lewis, gwasaneth gwas priodas i'r mawrion. A mi fydd y tafod arian yma'n deud dy holl hanes, y dirgelion oll, ac yn swyno'r dorf, ac yn swyno'r morynion gyda lwc, hefyd."

Wel, dyne fi. Os bydd Rhen Wat mor styfnig â thynnu pres oddi arna i, fydd 'ne ddim trafferth i gael gwaith. Ond roedd Ifor yn mynd i'r un cyfeiriad â Mam, braidd; od i glywed o o bawb yn deud hynne am y Roc. Ond wedyn y mae 'ne dair blynedd ers inni adel y coleg, a gneud locums mae o ers hynny; mae o wedi cael gwylie pryd y mynne fo, a lle y mynne fo. A nabod 'rhen If, mae o wedi cwarfod merched hyd a lled y wlad 'ma; hefo'r blarni yne 'ma' gyno fo dipyn o ffordd hefo merched. Ond wedyn, digon yw digon, debyg. Mi fase'n dipyn o rwyg i minne fynd o 'ma hefyd, pan mae pobol yn dechre dod i'n nabod i fel Jim Parry, ffariar, ac nid fel mab Marged Parry, Argoed.

Pennod 3

Roeddwn i yn y syrjeri'n weddol gynnar fore dydd Gwener eto, ond roedd Rhen Wat wedi bod i mewn eisoes ac wedi mynd allan ar ei rownd.

"Sut hwylie bore 'ma, Sali?" medde fi, heb gofio 'mod i wedi defnyddio'r un cyfarchiad bore ddoe hefyd, "a be ydi tymheredd y lle 'ma heddiw?"

" Mae'r ateb i'r cwestiwn cynta yr un fath â bore ddoe – dwi'n iawn; ac i'r ail, a dwi'n cymryd mai gofyn am hwylie RW ydech chi, wel mae hi'n o oer. 'Cold winds flowing down from the Arctic' ydi hi yma braidd. Mae o wedi gadel rhestr i chi, Jim. Gwernog a Bryn Gwyn i'w gweld eto, a Vaughan y Fawnog. Fi gymrodd y neges yne; mae ganddo fo griw o heffrod yn cerdded yn od, a golwg wyllt arnyn nhw, a fel tase'r swn lleia'n eu dychryn nhw, a mi fase'n licio gweld rhywun yn o fuan."

"Mi a' i i'r Fawnog gynta, 'te, a gneud y ddau arall ar y ffordd yn ôl. Allech chi ffonio'r Fawnog tase'n rhaid cael gafel arna i. Ddeudodd o ddim oedden nhw i mewn neu allan, debyg?"

"Dwi'n meddwl ei fod o wedi deud eu bod nhw yn y siéd newydd ganddo fo, Jim."

Be sy'n bod yn y fan'ne, sgwn i? Os ydyn nhw i mewn, ac yn cael eu ffidio, dydi o ddim yn debyg o fod yn ddiffyg magnesiwm, achos mae o'n gwbod be 'di hwnnw, wedi colli honne'r llynedd, ond yn y gwanwyn oedd hynny. Mi fase Proff yn y coleg yn deud, 'What is your differential diagnosis, boy?' Fedra i ddim meddwl ond am hypomag. O! a falle laminitis – ia, 'wrach ei fod o wedi ffidio protin yn o drwm, a bod hwnnw'n effeithio ar eu traed nhw. Beth bynnag ydi o, mae'n effeithio ar y cwbwl, felly mae'n debyg mai rhywbeth yn y ffid ydi o, neu ddiffyg yn y ffid, neu yn yr hwsmoneth; fedra i ddim meddwl am ddim byd heintus fase'n cael effeth fel'ne ar y cwbwl. Wel, falle fod isio meddwl am glwy traed a'r gene, ond mi faswn yn disgwyl y base Vaughan wedi sôn am rai ohonyn nhw'n sâl ac yn glafoerio; na, mae hwnnw awt of it. Pam oedd Rhen Wat wedi mynd allan mor fore, sgwn i? Mae o'n gneud imi feddwl nad ydi o ddim isio 'ngwynebu i. 'Wrach ei fod o'n dechre teimlo'i fod o wedi rhoi bai ar gam arna i – wel gobeithio wir. Dwi'n meddwl y medrwn i dderbyn nad ydi o ddim isio cyfadde ei fod o *ar fai; mae o mor styfnig fase fo ddim yn medru derbyn y los of ffês. 'Wrach mai deud dim a gneud dim wneith o, a rhyw obeithio yr eith y peth yn angof. Ond os ydi o'n dal yn gyndyn, ac yn tynnu pres oddi arna i, wel, mi fedra i fod mor styfnig â fynte, a pythefnos o notis fydd hi.*

Cyrredd y Fawnog. 'Rargol, mae'r sièd newydd yn fwy o dipyn nag oeddwn i wedi disgwyl – gobeithio na fydd 'ne ddim trafferth hefo'r gwyntyllu. Yorkshire Boarding reit rownd, diolch fyth, a mae hi'n o uchel yma, a digon o wynt – croesi bysedd, mi ddyle fod yn iawn.

"Sut ydech chi heddiw, Mr Vaughan? Mae'n fore eitha, yn tydi?"

"Sut ma'i, Jim? Ydi, mae'n eitha yma heddiw, yn dechre sychu dipyn rŵan, dyne pam y dois i â'r heffrod i mewn i'r sièd, roedden nhw'n ponshio cymint allan, a mi roedd gen isio rhoi dipyn o ffid iddyn nhw, gan eu bod nhw i gyd i ddod â lloue cyn Dolig. Ond dwn i ddim be aflwydd sy arnyn nhw heddiw. Dowch i'r sièd i gael gweld."

"Mae'n anferth o sièd, Mr Vaughan. Dwi ddim ond wedi ei gweld hi o bell o'r blaen, a doeddwn i ddim yn meddwl ei bod hi mor fawr. Pwy wnaeth y cynllun ichi?"

"Un o ddynion y Ministri. Roedd o'n deud mai peryg mwya hefo sièd fawr ydi, nad ydi gwynt ddim yn symud trwyddi'n dda, a dyna pam y mae'r holl Yorkshire Boardin' yma. Roeddwn i yn erbyn ar y dechre, ond mae'n debyg mai fo sy'n iawn. Ond mi feder fod yn goblyn o wyntog ac oer yma yn y gaea; gobeithio'i fod o'n gwbod be oedd o'n ei neud."

"Siŵr ei fod o'n gwbod yn o lew, Mr Vaughan."

Roedd yr heffrod i gyd ym mhen pella'r sièd, a rhyw olwg ofnus, bryderus arnyn nhw, ac wrth inni gychwyn mynd atyn nhw, yn cymyd braw ac yn rhedeg i'r gornel arall, a rhedeg yn stiff. Roedd eu clustie nhw'n sefyll i fyny fel tase nhw'n gwrando ar rywbeth, a bôn eu cynffone nhw wedi codi braidd.

"Taswn i ddim yn gwbod fod y peth yn amhosib, mi faswn i'n deud fod y genglo arnyn nhw, Mr Vaughan, y loc-jo. Ond rhywbeth sy'n effeithio ar unigolion ydi hwnnw, ac nid ar griw fel hyn; ond wedi deud hynny, iesgob mae o'n andros o debyg. Welwch chi eu clustie nhw'n sefyll i fyny, a bôn y gynffon i fyny? Ac ylwch, welwch chi ryw gryndod yn y cyhyre yn y goes ôl yn honne agosa at y cafn? Na, dwi'n siŵr mai'r genglo ydi o. Ond chlywes i 'rioed, a ddarllenes i 'rioed am y genglo'n effeithio ar nifer yr un pryd. Rhywbeth sy'n digwydd ar ôl rhyw anaf, neu doriad yn y croen, a'r bacteria'n mynd i mewn i'r corff felly, ydi hwn i fod, Mr Vaughan. Ond does dim posib fod yr heffrod i gyd wedi cael anaf yr un pryd; mae hynny'n amhosib. Felly mae'n rhaid fod y jyrm wedi dod yn y bwyd. Be 'dach chi wedi bod yn ffidio?"

"Dim ond *grass nuts*, Jim, a gwair. Mi brynes i lwyth o wair o rywle yn Lloegr, a dydi o ddim cystal â faswn i wedi ei obeithio, chwaith. Doedd yr heffrod ddim felly amdano fo, ond mi gymres i eu bod nhw'n gyndyn ar ôl bod ar wellt glas. Roedd hynny ryw bythefnos yn ôl, fwy ne' lai, ond roedden nhw'n byta'n iawn wedyn, tan ddoe beth bynnag."

"Welwch chi hon agosa aton ni, a mymryn o wair yn ei cheg, fel tase hi'n methu llyncu? Mae'n rhaid mai'r genglo ydi o; does yne ddim byd arall y galle fo fod, ond eto dydi o ddim yn gneud sens. Mi fydd yn rhaid imi fynd yn ôl i'r syrjeri i nôl gwrthserwm tetanus, a dwi ddim yn siŵr fod acw ddigon i drin – faint ddutsoch chi o heffrod? Tair ar ddeg? Wel, dyna chi nifer anffodus! Mi fydda i'n ôl cyn gynted fyth ag y medra i."

Roedd Proff yn arfer deud, 'The commonest bird is a sparrow, boy; don't expect to see an eagle every day!', ond dwi'n berffeth siŵr 'mod i wedi gweld eryr yn y fan yne heddiw. Mae'r arwyddion yne i gyd; mae'n rhaid mai'r genglo ydi o. Sgwn i fedre'r gwair fod wedi dod o ffarm lle'r oedden nhw wedi cael cês o'r genglo rywbryd, a'u bod nhw wedi claddu'r corff bryd hynny, ac 'wrach y galle twrch fod wedi codi priddwal a bod hwnnw yn y gwair. Mi feder y sbôr fyw am flynyddoedd yn y pridd. Dwn i ddim. Mi fydd yn rhaid imi siarad hefo Rhen Wat, 'Arctic wind' ne' beidio – 'wrach ei fod o wedi gweld rhywbeth tebyg rywbryd. Mi fase'n well imi ofyn iddo ddod i fyny i'r Fawnog hefo fi – mi fase'n well i mi, ac yn well gan Mr Vaughan, dwi'n siŵr.

Wedi gweld y Rover ar y buarth, i mewn â fi. "Mr Watkin i mewn?" gofynnais i Sali.

"Ydi, yn ei swyddfa, Jim," medde hi, ond yn gofyn hefo'i llygaid, 'Be 'di ystyr hyn?' A rhyw symudiad lleia hefo'i phen i gyfeiriad swyddfa RW.

Cnoc ar drws, ac i mewn. "Mr Watkin," medde fi, "mae yne gês od iawn yn y Fawnog." Ac ymlaen â fi i ddisgrifio pob peth yr oeddwn i wedi ei weld. "Mae'n rhaid mai'r genglo ydi o; feder o fod yn ddim byd arall, ond dydi'r llyfre ddim yn sôn am ddim byd fel yne. Ond mi faswn i'n licio i chi ddod i gael golwg arnyn nhw, fel *second opinion*."

"Beth oedd eu gwres nhw, James?"

"Ddaru mi mo'u cyffwrdd nhw o gwbwl, roedden nhw mor gynhyrfus, a mi roeddwn yn gwbod y bydde'n rhaid dod yn ôl i'r syrjeri i nôl chwaneg o gyffurie. Roeddwn i'n meddwl y bydde'u cynhyrfu nhw unweth i roi'r serwm a'r penisilin yn hen ddigon o styrbans iddyn nhw. 'Dach chi'n meddwl y galle fo fod wedi dod hefo pridd yn y gwair?"

"Mi ddof i i fyny i'r Fawnog i gael golwg ar yr heffrod gynta, cyn ystyried unrhyw ddiagnosis, nac unrhyw ddamcanieth, chwaith, James."

Wel, yr hen gythrel stiff iddo fo. Fase waeth iddo fo ddod i fyny hefo fi yn yr Austin, ond na, roedd yn rhaid i Rhen Wat 'y nghadw i o hyd braich, on'd oedd? Ond mi geith weld; dwi naw deg naw y cant yn siŵr 'mod i'n iawn. Dwi 'di llenwi cist y car a mae gen i ddigon o antiserwm a cristalein penisilin i ddelio hefo nhw i gyd rŵan. Ddeuda i ddim byd pan g'ryddwn ni; mi geith o neud y siarad i gyd – wel, fo a Vaughan. Dwi ddigon bodlon i sefyll yn ôl a sylwi'n fanylach ar yr heffrod. Mi faswn i'n deud fod y symptome'n fwy amlwg nag oedden nhw awr yn ôl – mae yne dair a gwair yn hongian o'u cege nhw erbyn hyn, a mi faswn yn deud fod honne wedi chwyddo fymryn . . .

"Wel, Mr Vaughan, weles i 'rioed ddim byd tebyg i hyn o'r blaen, ond yn siŵr mae James yn iawn. Mae'n rhaid imi gyfadde nad oeddwn i'n hapus iawn hefo'r diagnosis pan oedd o'n egluro i mi, ond yn sicr y genglo ydi hwn. Dwi'n meddwl y gallwch chi fynd ymlaen i injectio'r cwbwl hefo antiserwm a cristalein penisilin, James. Mae yne ddigon i'w gneud nhw heddiw, a mi ffoniwn ni Willington i gael chwaneg at fory."

Wel, thenciw feri mytsh, Rhen Wat, ond o leia mae o wedi cyfadde 'mod i'n iawn, er nad oedd o ddim yn meddwl 'mod i ar y dechre. 'Wrach ei fod o'n dechre dod oddi ar gefn ei geffyl. Sgwn i ydw i'n iawn hefo'r sbôrs yn y pridd? Bacteria anaerobig ydyn nhw, y Clostridia Tetani yma. Sgwn i fedre'r sbôr ddeor yn y god fawr, a byw a lluosogi yn y fan honno, a chynhyrchu'r toxins? Mae'n nhw'n byw yn rhywle ymhob un o'r heffrod 'ma; mae'n rhaid eu bod nhw yn y god fawr ne' yn y perfedd. Wrth feddwl, ddeudodd o ddim byd wrtha i ond rhoi ordors i injectio; mi alle fod wedi deud 'Reit dda', neu 'Go dda chi, James', jest rhywbeth i estyn cangen yr olewydd, fel petai. Ond dyne fo, mul 'di mul ar bum cyfandir.

"Mae'r llo yma lot yn well heddiw, Jim. Mi faswn i'n deud ei fod o'n gweld dipyn heddiw; mae o'n 'yn dilyn ni hefo'i lygad, beth bynnag."

" Ydi, mae o wedi ffeindio'r cafn y bore 'ma; dydi o ddim yr un un, Bij. Mae stwff y gwenwyn yne'n gweithio gwyrthie, ma' raid."

"Lle cest ti'r shît aliwminiwn yne ar y drws? Gwerth chweil i'r job yne; 'wrach y bydd yn rhaid iti neud rhywbeth tebyg i bob drws lle'r wyt ti bwriadu cadw lloue o hyn ymlaen."

'Wrach nad ydi o ddim isio imi aros yn y practis! Dydi o ddim wedi sôn am godi cyflog mewn dwy flynedd, a dydi o ddim wedi sôn am bartnerieth, chwaith. 'Wrach ei fod o'n mynd i gymyd heffer Tŷ Du yn esgus i gael 'madel â fi. Mi gawn ni weld dy' Llun, un ffordd ne'r llall. A dwi 'di gweithio'n galed, a gneud gwaith digon da hefyd, er mai fi sy'n deud, dros y ddwy flynedd 'ma. Mae yne assistants wedi mynd a dod ar hyd y blynyddoedd, a dydw i 'rioed wedi meddwl pam na fydde un yn aros fel partner – tan rŵan. Dydi o ddim isio partner, mae o'n rhy ffond o'i hen bres; dydi o ddim isio rhannu hefo neb. Ocê, os mai felly mae'i dallt hi, gore po gynta imi fynd.

"Chredet ti ddim fel mae'r fuwch wedi gwella, Jim. Mae hi'n sefyll yn well, mae'i thail hi wedi 'stwytho, mae'i llygad hi'n well, a mae hi wedi codi yn ei llaeth. A dwi 'di siarad hefo nhw yn swyddfa'r Undeb, a maen nhw am neud cais i Manweb drostai, ond maen nhw'n deud y byddan isio llythyr gen ti am y ddwy fuwch, a'r dyddiade, a chost yr operesbons, a rhyw syniad o faint o golled o laeth sy wedi bod, a faint maen nhw wedi ei golli yn eu graen."

"Mi sgwenna i lythyr â phleser, Mr Davies, ond nid fy lle i yw rhoi barn ar y golled yn y llaeth a'r graen; mae gan yr Undeb aseswr proffesiynol i neud rhywbeth fel'ne. Os galwch chi yn y syrjeri bore fory, mi fydd Sali wedi teipio'r llythyr ichi."

"Dwi 'di gweld peth rhyfedd heddiw, Mam, yn y Fawnog. Criw o heffrod i gyd yn dangos arwyddion genglo – loc-jo. Ia, criw, cofia, tair ar ddeg ohonyn nhw. Does 'ne ddim sôn am hynny yn y llyfre, ddim i griw, dim ond i ryw un ne' ddau. Mi ddaru mi ofyn i RW ddod i fyny fel *second opinion*, a mi ddoth yn ei gar ei hun – ddim am gymysgu hefo'r hoi poloi – a mi roedd o'n cyd-weld. Ond ddeudodd o'r un gair o ganmolieth. Dwi 'di bod yn meddwl, Mam, dydi o ddim isio i fi aros i fod yn bartner; mae pob assistant arall wedi cael mynd, a dw inne hefyd yn syrplws. Dwi'n meddwl ei fod am gymyd Tŷ Du yn esgus . . .

"Jim, os wyt ti'n cychwyn ar yr un hen diwn gron blentynnedd, gwynfanus, does gen i ddim isio clywed dim chwaneg. Iwsia dy ben, Jim, mae o'n dy nabod di ers pan oeddet ti yn y crud. Mae o wedi dy weld di'n cymyd diddordeb mewn gwaith ffariar, wedi dy weld di'n mynd drwy'r coleg, ac wedi dy weld di'n dod yn ôl yma. Wyt ti ddim yn meddwl mai dyne be oedd yn ei feddwl o'r dechre? Pam wyt ti'n meddwl na chymrodd o'r un partner cyn hyn? Wyt ti ddim yn gweld mai cadw lle i ti oedd o? Mae'r ddau ohonoch chi – pan ydech chi wedi meddwl, 'dach chi wedi meddwl, a does 'ne ddim troi arnoch chi. Mi faswn i'n meddwl mai dim ond isio dangos mai fo ydi'r bòs ydi busnes yr heffer, ac wedi dangos hynny mi fydd yn fodlon. Y gwir amdani ydi hyn, dy fod di mor groendene na fedri di ddim cyfadde fod yne ryw dipyn o fai arnat ti. Mi ddaru ti wylltio – ac o'r fan honno mae pethe wedi cychwyn mynd yn chwithig."

Mi faswn i'n licio meddwl bod Mam yn iawn, ond mae gen Rhen Wat andros o ffordd ryfedd o ddangos ei fod o am neud lle imi, os mai fel yne mae o'n meddwl. Ond mae Mam yn ei nabod o'n o dda, yn well na fi, yn siŵr, a mae hi 'di rhoi cyngor da imi erioed – 'wrach ei bod hi'n iawn. Mae hi wedi fy magu i ar ei phen ei hun ar ôl i Dad gael ei ladd yn y rhyfel, a dwi ddim yn meddwl ei bod wedi sbwylio llawer arna i, am wn i. Mae hi'n deud ei meddwl yn strêt, heb flewyn ar ei thafod, ac yn y diwedd 'den ni'n fêts. Ac os mêts, mêts.

Mi fydd hi'n reit braf cael y penwythnos yn rhydd. Mi a' i â Bethan – be ddeudodd If amdani, 'y lanwaith berffaith Bethan' – mi a' i â hi i gerdded o gwmpas Betws-y-coed bnawn Sadwrn, ac i'r pictiwrs nos Sadwrn, yna mynd i'r capel dy' Sul, a siawns na fedra i roi'r gore i hel rhyw hen feddylie. Ac 'wrach yng nghefn 'y meddwl fod gen i ofn, hefyd, ofn gweld pethe'n llithro trwy 'nwylo, achos mae'n rhaid imi gyfadde fod hynny'n denu – cael bod yn bartner mewn practis yn fy milltir sgwâr i fy hun, lle dwi'n nabod pawb a mae pawb yn fy nabod i. Dwi'n teimlo mor gartrefol yma, mi faswn yn teimlo tipyn o chwithdod taswn i'n mynd o 'ma . . . Os ydi bacteria'r genglo yn y god fawr ne' yn y perfedd, dydi'r penisilin ddim yn mynd i fod yn effeithiol, os nad ydyn nhw digwydd bod wedi medru gneud eu ffordd i mewn i drwch y wal. Mi fydd yr antiserwm yn gweithio yn erbyn y gwenwyn yn y gwaed, ond wrth feddwl, dwi bron yn siŵr nad ydi'r penisilin yn da i ddim. Mae isio rhywbeth i ladd y jyrm yn y god fawr, dyne sy isio!

Pnawn reit tawel – tawel iawn i'r amser yma o'r flwyddyn. Nes daw y ffôn nesa! Mi fase If yn deud, 'Nes bydd y Roc yn dechre ysgwyd ei freichie'. Roeddwn i reit balch hefyd, gan fod gen i lot o waith llenwi ffurflenni'r Weinyddieth; TT test ers deg diwrnod, dwi'n siŵr.

"Ydech chi wedi cael amser i neud y papure TT, Sali? Mi fase'n well imi neud rheini, ne' mi fydda i mewn dŵr poeth mewn dwy swyddfa! Dwi ddim yn siŵr y medrwn i wynebu hynny hefyd. 'Wrach y medra i gael gair hefo David Evans tra bydda i yn swyddfa'r Ministri, ynglŷn a'r heffrod yne. Mae o wedi *anghofio* mwy am waith ffariar nag a *ddysges* i drwy gydol pum mlynedd yn y coleg. 'Wrach y cymrith o awr i gael rhywbeth allan ohono fo, ond pan ddaw o mi fydd yn berl."

Ffôn. "Helo, Meredith a Watkin. Jim Parry'n siarad. Be sy'n 'ych poeni chi? Buwch i lawr? Mi fydda i yne cyn gynted ag y medra i."

Ffôn. "Helo, Meredith a Watkin. Jim Parry'n siarad. Buwch yn methu dod â llo? Gwrandwch, dwi'n cychwyn i'r cyfeiriad acw y funud yma, i weld buwch a chlwy llaeth, mae'n debyg. Mi ddo i yn 'y mlaen acw, gynted fyth ag y medra i."

"Wel, dyne dorri ar dawelwch y pnawn, Sali! Lle mae Rhen Wat?"

"Mae o wedi mynd i Flaen-cwm i weld rhyw ddefed, ond mi ddylse fod yn ôl toc."

"Deudwch wrtho fo 'mod i wedi mynd i'r ddau gês yma, ac y galle hi fod wedi chwech o'r gloch pan ddo i'n ôl, a 'mod i'n gofyn wneith o gymyd syrjeri nes y c'rydda i'n ôl. O, ia, a fasech chi'n ffonio Mam, plîs, Sali, i ddeud y bydda i'n hwyr?"

Ddylwn i ddim bod yn hwyr iawn, chwaith. Dwi'n siŵr mai clwy llaeth fydd yn Bodhyfryd, a wna i ddim colli llawer o amser yn y fan yne, a dydi John yn Ffynnon Wen ddim yn debyg o fod wedi cyffwrdd y fuwch, a dydi o ddim yn croesi hefo'r teirw diarth yma, felly fydda i ddim yn hir yno chwaith. Ac os bydda i'n hir, wel, y practis sy'n dod gynta, a mi fydd raid i Rhen Wat gymyd y syrjeri ar ei hyd. Mae If yn iawn, y practis ydi'r canolbwynt – y Roc, fel mae o'n deud – a mae'r gwaith yn dod i mewn, a ninne'n rhuthro yma ac acw fel ffylied yn troi mewn cylchoedd o gwmpas y canol, nes ein bod ni bron iawn isio ocsijen . . . Ocsijen? Dene sydd isio i'r heffrod 'ne. Mae'r bacteria tetanus yn anaerobig; fedran nhw ddim byw lle mae 'ne ocsijen – mae isio rhyw asiant i ocsideiddio. Be fase rhoi dos o pot. permanganate iddyn nhw? Iesgob, dwi'n meddwl 'mod i wedi cael gafel ar rywbeth yn fan'ne! Mi ga i weld yn y bore be 'di'u hanes nhw. Fydda i ddim gwaeth o roi trei ar y pot. permang. – rhyw felt a bresus, hwnnw a phenisilin ac antiserwm.

Roedd Wil ar fuarth Bodhyfryd yn disgwyl amdana i, a golwg bryderus arno fo. "Roeddwn i'n dy ddisgwyl di ers meitin, Bij; mi fuest ti'n hir, choelia i byth. Mae'r fuwch i lawr yn y ceunant, mewn lle diawchedig, a mae hi wedi bod yno ers dipyn, yn ôl y golwg sy arni."

"Ddaru mi ddim ond cymyd un ffôn arall, a dŵad yn syth, Wil! Aros imi gael dau fag calsiwm a nodwydd, a mi fyddai hefo ti."

Ac i fwrdd â ni ar ryw hanner drot i lawr y cae. Roedd y fuwch ar ei chefn yn erbyn coeden, a dim ond honno oedd yn ei dal hi rhag bowlio i'r nant. Roedd hi wedi chwyddo dipyn hefyd.

"Dal di'r bag yma tra bydda i'n cael y nodwydd yn y weithien fawr, a fyddwn ni fawr o dro yn rhoi calsiwm iddi. Tra bydda i'n rhoi hwn, rhed yn ôl i'r buarth i nôl rhaff, ne' mi fydd ar ei phen yn y nant."

Diolch fyth fod gen i fagie calsiwm yn lle'r poteli, sy'n dipyn haws eu trafod mewn lle annifyr fel y ceunant 'ma. Erbyn i Wil ddod yn ei ôl, roeddwn i'n rhoi'r ail fagied iddi dan y croen, a mi ddechreuodd y fuwch chwalu gwynt.

"Mae'r calsiwm yn dechre gweithio'n barod, wel'di, Wil. Mi fydd yn rhaid inni frysio i'w chael hi'n sownd cyn iddi ddechre symud. Dyro gwlwm rhedeg rownd ei chyrnie hi a rhwyma fo wrth y goeden yne. Rŵan, tyd inni drio troi dipyn arni, iddi gael ei thraed dani pan fydd hi am godi.

" Mae'n rhaid i mi dy adel di rŵan, mae gen i fuwch yn methu dod â llo yn Ffynnon Wen. Oes gen ti rywun o gwmpas y buarth y medrwn i ei yrru o i lawr yma atat ti? Ne' fase'n well imi ofyn i Gwen ffonio Jo drws nesa? Dwi'n siŵr y byddi di isio rhywun."

"O, mi ddaw Jo yn syth, dwi'n siŵr; mae o'r mwya cymwynasgar."

"Reit, mi ddeuda i wrth Gwen yn y tŷ. Hwyl iti, Wil, mi ddylse fod ar ei thraed mewn rhyw ugien munud i hanner awr."

Wel, dwi wedi colli amser yn arw rŵan. Fydda i byth yn ôl erbyn chwech ar ôl hynne. Gobeithio y meder Wil gadw honne'n dawel nes ei bod hi'n ddigon sad ar ei thraed i fedru dod i fyny o'r fan yne heb chwaneg o styrbans. A mi fydd John ar binne rŵan eto, yn disgwyl 'ngweld i. Gobeithio'r nefoedd nad oes 'ne ddim trafferthion mawr hefo hon. Mi faswn yn licio cyrredd y syrjeri cyn i Rhen Wat orffen, jest i ddangos 'mod i o ddifri, a mi ga i sôn wrtho fo am y pot. permang. hefyd. Sgwn i be ddeudith o am hynny?

"Mae'n ddrwg gen i, John, mi ddeudes 'mod i'n mynd i weld buwch â chlwy llaeth, a na fyddwn i ddim yn hir, ond doeddwn i ddim yn gwbod ei bod hi bron yng ngwaelod y ceunant. Be 'di hanes hon, 'te?"

" Wel, Jim, fedra i neud na rhych na gwellt ohoni. Dwi 'di rhoi llaw hefo hi, a'r cwbwl fedra i deimlo ydi rhywbeth fel rhaff flewog; fedra i ddim teimlo na phen na throed."

"Na, fyddet ti ddim. Dwi'n siŵr braidd mai'r gynffon wyt ti'n deimlo, John. Oes gen ti ddŵr a sebon a llian yn barod? Oes? Iawn. Tyd imi wisgo'r ffedog 'ma, a gyda dipyn bach o lwc fyddwn ni ddim yn hir. Ia, cynffon ydi hon, ac os medra i hwthio'r llo yn ei flaen ddigon pell, yna mi gawn ni afel ar goes ôl."

Roedd y llo'n symud yn rhwydd yn y llester; doedd o ddim yn fawr, a digon o wlybanieth o'i gwmpas o, ac mi ddaeth yn eitha sydyn, ac yn fyw.

"Mae'n siŵr fod yne un arall hefyd, John; mi weli di hynny'n weddol amal, ne' felly dwi 'di sylwi – llo yn dod cynffon yn gynta, a mi fydd yne un arall yr un fath yn ochor arall y llester. A dyne sy gynnon ni, hefyd.

"Rho di'r cynta iddi hi i'w lyfu, a mi rwbiwn ni dipyn ar hwn hefo tusw o wellt; siawns na fyddan nhw ar eu traed cyn pen hanner awr."

Mae'r ddwy alwad wedi cymyd dipyn mwy o amser na feddylies i, ond os rho i 'nhroed i lawr, 'wrach y c'rydda i cyn diwedd syrjeri. Mi faswn yn licio cyrredd cyn i Rhen Wat fynd, er mwyn imi gael siarad hefo fo am y syniad o roi dos o'r pot. permang., a hefyd imi gael gweld be 'di ei wynt o. O leia' dwi *'di tawelu dros y deuddydd dwytha 'ma – wel, i ryw radde, beth bynnag – ond dwn i ddim ydi o wedi meddalu o gwbwl. Dwi ddim wedi cael llawer o siawns i gael sgwrs gall hefo fo.*

Y syrjeri mewn tywyllwch; adre amdani.

Chanodd y ffôn ddim unweth drwy'r min nos, nes 'y mod i'n dechre meddwl oedd o'n gweithio o gwbwl, a mynd ati i ffonio'r gyfnewidfa. Popeth yn iawn.

Mae'n rhaid fod y lle 'ma'n dechre effeithio arna i. Dwi'n cwyno os bydd y ffôn yn canu'n rhy amal, a dwi'n dechre cwyno rŵan pan ma' hi'n ddistaw. Be fase If yn ei ddeud am hynny, sgwn i?

Pennod 4

Chanodd y ffôn ddim o saith o'r gloch neithiwr tan wyth o'r gloch y bore 'ma – mae'n anodd credu'r peth. Vaughan y Fawnog oedd galwad y bore 'ma. Dim llawer o newid, medde fo, ond o leia doedd yne'r un yn waeth, ac isio gwbod pa bryd y bydden i yno y bore 'ma, gan ei fod o isio mynd i'r dre tua un ar ddeg. Ond mi fyddwn yno ymhell cyn hynny.

Cyrredd y syrjeri cyn hanner awr wedi wyth, a chael fod Rhen Wat wedi bod i mewn ac wedi mynd eto, ac wedi gadel rhestr i mi, yn cynnwys Vaughan. Dwy gath yn unig yn yr ystafell aros; un hefo gwinedd wedi tyfu'n hir – petai hi'n cael mynd allan mi fydde'n hogi ei gwinedd ei hun, ond mae Mrs Robinson yn barod i dalu i mi am neud, a chael trafod anhwyldere Fflyff – rhai'n wir, rhai'n dybiedig – yn y fargen. Ond mae'r llall, cath hirflew lwyd, hardd, yn edrych yn dene ac yn ddi-ffrwt.

"Be 'di enw'r gath, Mrs Jones?"

"Hen enw gwirion, Mr Parry, ond y plant ddaru ei bedyddio hi. Pwsi Meri Mew. Ond Pws yden ni'n ei galw hi."

"Ia, dydi 'ble collaist di dy flew' ddim yn gweddu i hon, beth bynnag." Cymeres ei gwres hi – rhywbeth yn debyg i normal. "Be 'dach chi'n weld arni, Mrs Jones?"

"Wel, mae hi fel tase ganddi rywbeth yn ei gwddw, rhyw hen dagu o hyd, a dydi hi ddim yn byta."

Yr oeddwn erbyn hyn yn gneud archwiliad o fol y gath, ac yn meddwl fy mod yn teimlo rhywbeth yn y stumog, rhywbeth tebyg i gneuen.

"'Wrach nad ydi enw'r hen gath ddim mor wirion, Mrs Jones. Mae'r cathod hirflew yma, wel, fel pob cath, mae'n debyg, yn dueddol o lyfu eu hunain, ond am fod blew hon yn o hir mae o'n hel yn belen fach o flew yn y stumog. Dydi'r belen fach yma ddim yn teimlo'n fawr iawn, a dwi'n meddwl os medrwn ni roi llwyed o licwid paraffîn iddi, falle y ceith hi wared â'r belen, a mi ddaw at ei choed eto. Ia, wir, Pwsi Meri Mew, 'den ni'n gwbod lle collaist di dy flew, a 'den ni'n gwbod lle mae o wedi hel hefyd. Mi rodda i botel fach o licwid paraffîn ichi, Mrs Jones, a mi gewch chi roi llwyed iddi bob dydd am ryw dridie. Mi fase'n well ichi roi rhywbeth hefo'r licwid paraffîn i roi blas arno fo, rhywbeth fel diferyn neu ddau o orenj sgwosh, ac wedyn mi fydd Pws yn trio llyncu, ne' fel arall mi alle'r licwid paraffîn redeg i lawr i'w 'sgyfen hi, a fydde hynny ddim yn neis iawn, yn na fydde, Pws?"

Mae o wedi mynd eto cyn imi gael cyfle i gael gair. Dwi'n teimlo'i fod o'n f'osgoi i; wel mi geith osgoi hynny licith o tan fore dy' Llun. Mi gawn ni weld amser 'ny.

"Be 'dech chi'n feddwl o'r 'Veterinary-Practice-on-Ice' yma, Sali? Dydi'r tymheredd ddim yn codi rhyw lawer, yn nac ydi? Welsoch chi o y bore 'ma?"

"Do, roedd o'n mynd fel roeddwn i'n cyrredd. Na, dydi o ddim mewn hwylie mawr, rywsut. Dwi'n teimlo'n gas, ond dydi o ddim byd i' neud hefo fi. Ond mae yma ryw awyrgylch anghynnes, a dydw i ddim yn siŵr iawn, er bod gen i syniad, wrth gwrs, ond dwi ddim yn gwbod yn iawn be sy wedi digwydd."

"Peidiwch chi â phoeni'ch pen am hyn, Sali. Falle erbyn bore dy' Llun mi gawn ni anghofio popeth, neu mi eith pethe o ddrwg i waeth, gawn ni weld. Reit, be sy gen i i'w neud? Vaughan, buwch a physen yn ei theth yn Llindir ucha. Helo, buwch arall yn tuchan gan Davies – dyne'r drydedd os ydi hon yn weiar eto; a dau lo yn gollwn' drwyddyn yn Tŷ Mawr. Ddaru Wil, Bodhyfryd, ddim ffonio i ddeud dim byd am y fuwch clwy llaeth honno, naddo Sali? Mae'n rhaid ei bod hi wedi codi a cherdded i fyny o'r ceunant, felly. Roedd hi ar wastad ei chefn bron yng ngwaelod y ceunant, a fase dim rhyfedd yn y byd iddi fod wedi llithro, a syrthio i'r gwaelod a thorri ei choes. Lwc, felly."

Dwn i ddim ddylwn i fynd â'r pot. permang. hefo fi i'r Fawnog, ond faswn i ddim gwaeth o'i drio fo. Dydi Rhen Wat ddim wedi cymyd cymint â hynny o ddiddordeb, ne' mi fase wedi mynd yne ei hun y bore 'ma. Go on 'te, mi awn ni am dipyn o'r hen 'kill or cure' tecnîc. Penisilin ac antiserwm fel belt, a pot. permang. fel bresus. Wel, mi fydd yn y car gen i os bydda i'n gweld angen.

Dipyn o synnwyr y fawd fydd y dos hefyd; mae'r god fawr yn bownd o ddal deg galwyn ar hugien – falle fwy – ac mae isio rhyw un rhan mewn peder mil o pot. permang. fel hylif pan mae isio mynd ati i olchi ceg, heb sôn am drio lladd bygs yn y god fawr . . . 'rargen mae 'ne waith mathematics i gael y dos yn iawn. Na, mi fase'n well trafod hefo Rhen Wat gynta; mae o ddigon tetshws yn barod, heb neud pethe'n waeth.

Mi es yn syth i'r sièd yn y Fawnog, ac mi ddaeth Vaughan yno ar f'ôl i.

"Mi ddwedwn i eu bod nhw dwtsh yn well, os rhywbeth, Mr Vaughan. Dyden nhw ddim llawn mor nerfus, a dwi ddim yn eu gweld nhw'n crynu yn y cyhyre. Does yne ddim un yn waeth, beth bynnag. Mi roddwn ni'r penisilin a'r antiserwm eto heddiw. Roeddwn i wedi bod yn 'styried rhoi rhyw ddos sbesial hefyd, ond dwi ddim wedi medru cael gair hefo Mr Watkin ynglŷn a hynny. Ond mi fydd o yma ei hun fory i'w gweld nhw, a mi geith o benderfynu."

"Diolch, Jim, dwi dipyn bach yn fwy tawel fy meddwl erbyn heddiw. Mae'r drinieth yma'n mynd i gostio cryn dipyn, mae'n siŵr, ond os medrwn ni beidio colli'r un, 'wrach y down ni allan o hyn yn o lew eto."

"Wel, gwaethygu mae symptome'r genglo ym mhob cês dwi wedi'i weld, beth bynnag, a mi ryden ni wedi medru rhoi stop ar hynny, i bob golwg. Felly mae hi'n edrych yn obeithiol, Mr Vaughan, ond dwi'n cyfadde fod yne ddirgelwch yma, a dyden ni ddim wedi datrys hwnnw eto."

Dwi'n siŵr, bron, na fydd Rhen Wat ddim ar gael pan g'rydda i 'nôl i'r syrjeri, ond mi adawa i nodyn iddo fo am y pot. permang. a deud fel yr ydw i wedi gweld yr heffrod y bore 'ma. Rhyngtho fo a'i bethe wedyn. A mi gawn ni weld dy' Llun . . . Erbyn hyn dwi'n gobeithio fod Mam yn iawn; ma' hi'n ei nabod o'n o lew.

Ymlaen am Tŷ Mawr ac Eic Jones, y siaradwr mwya yn y wlad; mi fyddech yno drwy'r dydd yn disgwyl iddo fo stopio. Dim ond un ffordd sydd i'w drin o, a hynny yw torri ar ei draws o, o hyd, o hyd, o hyd.

"Bore da, Mr Jones, mae'n eitha bore a chysidro amser y flwyddyn."

"Wel, ydi, Jim, ond dwi'n cofio un flwyddyn pan oedd yr hen wraig fy mam byw, roedd hi fel y mae hi heddiw yn y bore, ac erbyn nos roedd hi wedi troi ar eira, a mi fwriodd am dri diwrnod heb beidio, a gwynt, bobol bach, gwynt mawr, a lluwchfeydd o eira at y bondo . . ."

"Yn lle mae'r fuwch, Mr Jones?"

"Dwi 'di chadw hi wrth yr aerwy yn y côr bach; meddwl y bydde hi'n haws cael gafel arni yn y fan honno. Dwi'n cofio un tro i Mr Watkin ddod i weld buwch yma a gofyn imi ei rhwymo hi yn y côr bach, ond cloff oedd honno, o ran hynny, a mi roedd o isio rhywle lle'r oedd 'ne drawst uwch ei phen hi iddo fo gael lluchio rhaff dros . . ."

"Pa deth sy'n anodd ei godro, deudwch?"

"O, y deth ôl, 'gosa atat ti, Jim. Mae'n beth rhyfedd, ond mi fydda i wrthi'n godro, ac yn sydyn mae yne rywbeth fel tase'n rhydd yn y deth a mae hwnnw'n dod i flaen y deth, a fedra i ddim cael dim un diferyn allan, ac wrth chware hefo'r deth, diawch, mi symudith y lwmp a mi ga i laeth eto, a dwi 'di teimlo hyn ers tua dy' Sul dwytha – na, dwi'n deud celwydd rŵan, dy' Sadwrn oedd hi siŵr, roedd gyna i isio mynd i lawr i'r dre ar fr . . ."

"Mr Jones, dyne'n union sy'n digwydd. Mae yne glap o rywbeth, gwaed wedi fferru 'wrach, neu weithie mae yne lwmp fel tase fo ar linyn yn chware i fyny ac i lawr, a mae o'n dod i flaen y deth ac yn cau twll y deth fel corcyn mewn potel. Gobeithio fod hwn yn rhydd, ac y cawn ni o allan yn weddol rwydd. Dwi'n meddwl y bydd hi'n well tasech chi'n dal ei thrwyn hi, rhag ofn i mi gael cic."

"Reit, Jim, mi a' i i chwilio am yr efel, imi gael cydio o ddifri; dydi'r hen fysedd 'ma ddim cystal yn ddiweddar hefo'r riwmatics 'ma. Dwi'n cofio erstalwm roeddwn i'n andros o gry yn 'y mysedd, a garddwrn fel haearn Sbaen. Roeddw . . ."

"Ma' gen i efel yn y car, Mr Jones, sbario i chi orfod chwilio am honne."

Wedi cael yr efel, a'i rhoi yn nhrwyn y fuwch, a chael Eic i gydio ynddi, troi eto at y deth.

"Dwi'n meddwl 'n bod ni'n lwcus, Mr Jones. Dwi'n meddwl y daw hwn o 'ma'n rhwydd; dwi ddim yn meddwl fod yna linyn yn sownd ynddo fo." Ac ar y gair medres gael y bysen i flaen y deth a gwasgu'n sydyn, a daeth allan fel bwled a tharo'r ffenest. "Dyne ni, mae o wedi dod – lwc nad oeddech ddim yn sefyll tu ôl i'r fuwch ne' mi fasech wedi cael tatsied yn 'ch gwyneb."

'Rargien, taset ti tu ôl imi, Eic, mi faset wedi cael y bysen yn dy geg – fedrwn i ddim methu'r hopran fawr, a honno ar agor o hyd !

"Ew, diolch, Jim. Wysti be? Mae 'ne rywbeth o dy gwmpas di sy'n gneud imi feddwl am yr hen law Meredith. Faset ti ddim yn ei gofio fo – 'rargien, na faset, wedi ei gladdu ers blynyddoedd – ond hen ffariar da, ffariar gwlad, wysti. Dwi'n cofio rywbryd iddo fo . . ."

"Reit, Mr Jones, mi ddyle'r deth fod yn iawn rŵan. Mae'n rhaid imi redeg os ydw i'n mynd i orffen 'y ngwaith cyn cinio! Hwyl!"

Mae Eic yn iawn, ond ei fod o'n siarad gormod, ond dwi'n siŵr tase gen i ddigon o amser y bydde ganddo fo lot o straeon diddorol am ffarmio cyn y rhyfel, ond mi fydde isio drwy'r dydd, yn siŵr. Doedd o ddim yn iawn am Meredith, chwaith; dwi'n siŵr 'y mod i'n cofio diwrnod ei gladdu o, er na faswn i ddim mwy na rhyw beder ne' bump oed. A mae Rhen Wat wedi bod yn gneud y gwaith drwy gyflogi assistant byth er hynny – lot o assistants, o ran hynny, am dros ugien mlynedd; fydd hi ddim yn hawdd gyno fo feddwl am bartner rŵan. Wel, mae hynny yn ei ddwylo fo, a dim ond y fo.

"Wel, Mr Davies, 'dach chi fel tasech chi wedi'ch witshio!"

"Ydw wir, Jim. Dwi'n meddwl y dylet ti ddod yma i gysgu, cofia."

"A be ydi hanes pethe y tro yma? Does gynnoch chi ddim weiar eto, gobeithio?"

"'Dwn i ddim, tyd i'w gweld hi. Ma' hi wedi rhwmo, a ma' hi'n ara deg ofnadwy yn symud, ond ma' 'ne ryw hogle arni nad oedd o ddim ar y ddwy arall. Does 'ne ddim ond rhyw fis ers iddi ddod â llo, ac roedd hi'n godro'n werth chweil, ond rŵan ma' hi'n gwrthod ei nyts, a ma'i llaeth hi i lawr yn batsh. Dyne ti, Jim, drycha arni rŵan. Weli di ei thail hi'n galed a rhyw hen sglein rhyfedd arno fo?"

Roeddwn i'n cyfri Davies, Bryngwyn, yn un sylwgar a

gofalus, ond mi faswn i'n meddwl fod hon yn siŵr o fod yn sâl y diwrnod o'r blaen pan oeddwn i yma hefo'r fuwch weiar, felly pam na faswn i wedi cael ei gweld hi amser 'ny?

"A waeth imi gyfadde ddim, Jim, mi anghofies ei dangos hi yn y prysurdeb o'r opereshon, ac wedyn mi feddylies mai dim ond wedi colli'i stumog oedd hi, ac y baswn i'n rhoi dos iddi hi at hynny, a mi roedd gen i ryw hen bowdre ar ôl amser 'y nhad – sinsir a rhywbeth – ond mi fase'n well taswn i wedi'i dangos hi cyn hyn."

"Wnaethoch chi ddim llawer o ddrwg, Mr Davies, ond dwi'n meddwl mai clwy melys, *acetonaemia,* sy arni. 'Slow fever' yn Saesneg. 'Wrach na ddylwn i ddim deud hynny cyn rhoi arbrawf ar ei llaeth hi, chwaith, ond yn ôl yr hen hogle melys yne sy ar ei gwynt hi, dyne ydi o. A fydd hi ddim yn hir yn gwella ar ôl cael injecshon. Ac os medrech chi roi hanner peint o drieg iddi, wedi ei gymysgu hefo dŵr cynnes mewn potel tri hanner peint, mi fydde hynny'n help mawr hefyd. Mae hi wedi dechre cynhyrchu gormod o laeth yn rhy sydyn, a dydi'r corff ddim yn medru cymyd y straen, dyne ydi peth o'r drafferth, a mae'r siwgwr yn y trieg yn help. Fydde hi ddim yn ddrwg ichi neud hynny ddwyweth y dydd am ryw ddeuddydd, ne' dridie falle."

Wedi cymyd rhyw ychydig ddiferion o laeth a'u gollwng ar y powdwr Rothera's, a gweld hwnnw'n troi'n biws, dyna gadarnhau mai clwy melys oedd o; yna 10 c.c. o Betsolan yn y cnawd.

"Gobeithio y cewch chi lonydd rŵan, yntê? Gawsoch chi amser i godi'r llythyr hwnnw o'r syrjeri? Naddo? Dario, taswn i 'di meddwl, mi allwn i fod wedi dod â hwnnw hefo fi; dydi 'mhen i'n sbario dim ar 'y nghoese i, na'ch coese chithe, chwaith!"

Rŵan am Jones, Tŷ Mawr, hefo'r lloue'n gollwng drwyddyn. Mae o'n eu cadw nhw mewn rhyw hen gytie oer a thamp. Mae Rhen Wat wedi deud wrtho fo a dw inne wedi deud hefyd am gael cut a llawr caled, lle mae'r glybanieth yn cael rhedeg i ffwrdd, ond yn lle hynny maen nhw'n lyb o'tanyn o hyd.

"Wel, Jim, ti sy 'ma heddiw; dwi fel 'swn i'n cael Mr Watkin yn amlach na pheidio. Sut wyt ti'n cadw, a sut mae dy fam? Roeddwn i yn yr ysgol hefo dy fam, cofia, a mae hynny ambell i flwyddyn yn ôl erbyn hyn."

"Ia, dwi'n cofio ichi ddeud hynny rywbryd. Mae gen i syniad go lew be 'di'ch oed chi felly. Mae Mam yn un ar bymtheg a deugien, ac mae'n rhaid 'ch bod chithe tua'r un marcie."

"Ia'n Tad, dwi ryw flwyddyn yn hynach, wel'di."

"A beth am y lloue 'ma, Mr Jones? Ydyn nhw'n dal yn yr un hen gut?"

"Wel ydyn, fachgen. Mi fagodd yr hen law fy nhad ugeinie o loue yn y cut yne dros y blynyddoedd, heb ddim trafferth o gwbwl, ond mae'n rhaid deud nad ydw i'n cael dim hwyl arnyn nhw."

"Do, mae'n siŵr, ond 'dydech chi'n cadw cymint beder gwaith ag oedd 'ch tad? A maen nhw'n deud, y bobol yma sy'n gwbod bob peth, os gnewch chi ddyblu'r boblogeth, yne mae'r peryg afiechyd yn ddwbl dwbl, felly yn ôl hynny mae gynnoch chi un ar bymtheg gwaith y risg o leia, o gymharu ag amser 'ch tad."

"Wyt ti ddim yn deud, Jim."

"Ydw, a dwi o ddifri hefyd. Dwi'n meddwl fod gan bob ffariar ddwy ddyletswydd: y cynta ydi trin anifeilied nad ydyn nhw ddim yn hwylus, a'r ail, a'r pwysica, ydi helpu ffarmwr i osgoi afiechydon. A deud y gwir dydech chi damed haws fy mod i'n dod yma i wella'r lloue yma, ond mi fasech yn elwa dipyn go lew tasech chi'n medru osgoi galw ffariar o gwbwl, 'n basech?"

"Wel, baswn, mae'n debyg."

"Reit. Wel, fel hyn y baswn i'n licio ichi neud. Heddiw mi faswn i'n gofyn ichi symud y ddau lo yma i'r côr, a digon o wellt glân odanyn nhw. Wedyn, carthu'r cut yma, a gosod llawr concrit a dipyn o rediad ynddo fo. Os na fedrwch chi neud hynny, wel, o leia golchi'r walie a gwyngalchu, a rhoi trwch o galch ar y llawr, a gwely trwchus o wellt glân, cyn meddwl rhoi'r un llo arall yma. Ac i drin y ddau lo, fel hyn, mi sgwenna i risêt i chi. Dŵr a halen i ddechre, ac yn ara deg ychwanegu llefrith, fel eu bod nhw yn ôl ar laeth cyfan ar y pumed diwrnod, a'r tabledi yma bob dydd. Dwi 'di gorffen pregethu rŵan, a mi gewch chi ledio'r emyn. Sut mae'n mynd? Rhywbeth, rhywbeth, 'all creatures great and small'. Dwi ddim yn amal yn codi i'r pulpud, Mr Jones, ond er 'ch lles chi y mae o, cofiwch."

"Reit dda, Jim. Go dda, chdi! Mae'n debyg fod isio i rywun bregethu wrtha i. Gwranda, mi rodda i 'ngair iti, y bydd yne goncrit ar lawr y cut yne cyn y doi di yma tro nesa. A dwi'n ei feddwl o, hefyd."

Yr iechyd mawr, be ges i i ddechre pregethu fel'ne? Ond dwi'n meddwl 'mod i wedi taro deuddeg, ac os gneith o roi concrit ar lawr y cut, mae'r ddau ohonon ni wedi ennill rhywbeth. Ond mae'n rhaid fod edrych ar ôl y practis, lles y practis, yn bwysicach imi nag oeddwn i'n ei feddwl. Tentacle Roc yr hen If, mae'n siŵr gen i! Mi ryden ni fel ffariars, a ffarmwrs hefyd, yn cael 'n rheoli gan y tymhore, a ma'r rheini'n llithro dod ac yn llithro mynd heb inni sylweddoli, rywsut, ac os na thendiwn ni, y cwbwl fyddwn ni'n ei neud fydd carlamu o gwmpas fel y ceffyle bach ar y meri-go-rownd, yn trin afiechydon y gwahanol dymhore fel maen nhw'n digwydd, a phob blwyddyn yr un fath. Wel, dwi'n meddwl fod 'ne fwy i waith ffariar na hynny! Ryden ni'n gwbod yn o lew be sy o'n blaene ni fel mae'r tymhore'n newid, a mi ddylen ni fod yn paratoi'r ffordd i osgoi'r anawstere. Rhyw gyffwrdd ar hynne oedden ni yn y coleg, ond o leia roedd o'n dangos y ffordd. 'Prevention is better than cure', medde'r hen air, a mae'r hen drawiad yn siŵr o fod yn iawn. Does yne ddim byd fedren ni fod wedi ei neud am y genglo yn y Fawnog, nac am weiar Davies Bryngwyn, chwaith, ond rhyw ddigwyddiade ar eu penne eu hunen ydi'r rheini.

"Mam, fedri di neud rhyw fymryn o ginio reit sydyn i mi, plîs? Bydde, mi fydde wy ar dost yn iawn. Dwi 'di gaddo cwarfod Bethan tu allan i'r nyrsys hôm am hanner awr wedi dau, a mi fues yn hirach dipyn hefo gwaith y bore nag oeddwn i wedi meddwl. 'Wrach y cerddwn ni dipyn ar lan y môr, a chael rhywbeth i'w fyta, a wedyn mynd i'r pictiwrs. Mae'n rhaid iddi hi fod i mewn erbyn deg, felly fydda i ddim yn hwyr yn cyrredd adre."

Mynd i'r llofft a molchi a newid dillad. Rhywbeth reit braf mewn rhoi dillad glân ar ôl bod mewn dillad gwaith. Mae Mam yn deud fod yne hogle gwartheg ar 'y nillad i o hyd – dwi'n clywed dim, ond mae'n siŵr ei bod hi'n iawn.

'Rargoledig, mae Bethan wedi gwisgo'n rhy smart i fynd i gerdded, a mae'r gwynt yn dechre codi! Newid y planie felly. Wel, mi geith hi benderfynu; dwi ddigon bodlon.

"Bethan! Neidia i mewn. Rwyt ti'n edrych yn smart ofnadwy. A deud y gwir rwyt ti'n codi cywilydd arna i braidd. A finne wedi meddwl y basen ni'n cerdded y prom a glan y môr, ond dwyt ti ddim wedi gwisgo i hynny, a beth bynnag, mae'n dechre codi'n wynt."

"O! Jim, ddaru mi ddim meddwl, a does gen i ddim sgidie cerdded, chwaith. A deud y gwir, dwi 'di bod ar fynd heb stop ers y bore cynta, a mi fydde'n well gen i iste yn y car ac edrych ar y môr."

"Iawn, mi awn i allan o'r dre ac i fyny ar y morglawdd. Fedra i ddim dangos 'creigie Aberdaron' iti, ond 'wrach y medrwn ni weld 'tonnau gwyllt y môr', a chael siarad. Be oedd yn dy gadw di mor brysur heddiw, 'te?"

"O, dipyn bach o bopeth, Jim. Roedd y Matron yn bigog hefo'r Sister, a'r Sister yn bigog hefo ni ar y ward, a phan mae'r cleifion yn synhwyro fod yne dipyn o ryw awyrgylch, mae'r rheini hefyd yn bigog, ac isio tendans. Rhyngthyn nhw i gyd, ches i ddim siawns i chwythu 'nhrwyn, bron. A dwi'n falch o gael dod allan a jest iste'n llonydd."

"Wel, tyd yma, imi gael rhoi braich amdanat ti, a chysuro dipyn bach arnat ti – wel, mewn ffordd o siarad. Dw inne wedi cael hen amser annifyr ers bore dydd Iau."

A dyma ddeud yr holl hanes – yr op, a chelwydd McKinney, a diniweidrwydd Rhen Wat, a'r bygythiad i dolli 'nghyflog, a fel y gwyllties inne, a'r oerni mawr yn y syrjeri, a fel yr oeddwn i'n teimlo'i fod o'n trio osgoi, a be oedd Mam wedi ei ddeud, a'r cwbwl. Ac yn teimlo'i bod hi'n dallt yn union sut roeddwn i'n teimlo, ond wedyn roeddwn i wedi teimlo'n bod ni ar yr un donfedd o'r noson gynta yr aethon ni allan hefo'n gilydd, a mi roedd hynny'n fuan iawn ar ôl imi ddod yn ôl i Drefeglwys.

"Ond dwyt ti ddim *isio* mynd o'no, yn nag oes, Jim?"

"Oeddwn, yn y dechre, pan oeddwn i'n dal yn fy ngyth, ond ar ôl cael amser i feddwl, na, dwi ddim isio mynd. Ond wnai ddim aros, chwaith, os nad ydi o isio imi aros, ac os bydd o'n gneud imi dalu am y fuwch, dwi'n meddwl y bydd hynny'n dangos ei fod o isio cael 'madel â fi. Ond mi fydd hi'n chwith ofnadwy imi . . ."

"Ac i minne, Jim," a dau ddeigryn mawr yn codi yn ei llygaid, "ac i minne!"

"Paid â chrio, Bethan; dwi ddim wedi arfer hefo ti'n crio, a dwi ddim yn gwbod be i ddeud. Ond tase raid imi fynd, fase hynny ddim yn gneud dim gwahanieth i ni'n dau, yn na fase? Mae 'nghartre i'n dal yn Nhrefeglwys, a gneud locums faswn i, gweithio wythnos ne' bythefnos, ac adre wythnos. Mi fase gen i fwy o amser i dy weld di na sy gen i rŵan. Dwi 'di bod yn siarad hefo Ifor Lewis. Rwyt ti'n cofio'r hen If, yn 'dwyt? Wysti be ddeudodd o amdanat ti? 'Y lanwaith, berffaith Bethan' . . ."

Rhyw hanner gwên fach drwy'r dagre.

". . . a mae o'n deud na fydde ne' ddim anhawster i gael gwaith locum. Ond na, does gen i ddim isio mynd; dwi'n dechre teimlo 'mod i'n rhan o'r practis, yn cyfri yn y practis erbyn hyn, a phetaswn i'n cael aros a dod yn bartner, mae gen i syniade be faswn i'n neud hefyd."

Ond mae'r dagre'n rhedeg eto.

"Rwyt ti'n gwbod be sy'n digwydd pan mae pobol ar wahân . . ."

"Paid â chrio, Bethan, mae 'mol i fel tase fo'n troi drosodd pan wyt ti'n crio. Hwde, dyma ti gadach poced. Sycha dy lygid, a mi awn ni i Johnson's, a chael paned o de; fydd pethe ddim yn edrych cyn waethed wedyn. Ac 'wrach y cymrwn ni fwyd yno hefyd, a mi gawn ni weld sut y byddi di'n teimlo am fynd i'r pictiwrs wedyn."

"O, mi fydda i'n iawn, Jim. Dim ond bod hyn wedi dod yn ofnadwy o annisgwyl, a ches i ddim amser i baratoi fy hun. Dydi nyrs ddim i fod i dorri i lawr, a dwi ddim yn cofio pryd y bues i'n crio ddwytha. Na, mi fydda i'n iawn, Jim; wir rŵan, mi fydda i'n iawn."

A rhyw wên ddigon crynedig, ond o leia gwên.

Gwasgiad bach, a chusan, a sychu'r dagre, a rhoi hynne y tu ôl inni.

Mae'r dagre 'ne wedi 'mwrw i braidd. Yn sydyn dwi'n gwbod pa mor bwysig ydi Bethan yn 'y meddwl i, a dwi'n gweld 'y mod inne'n bwysig iddi hi. Hi ydi'r unig ferch y bûm i'n ei hadnabod erioed, imi fod yn berffeth gysurus yn ei chwmni, y medrwn i deimlo fel siarad am bopeth hefo hi, a thrafod popeth hefo hi . . . a dyne dau ddeigryn yn fy nhroi i wyneb i waered. A dwi'n teimlo'n fodlon, hapus. Dwi'n teimlo'n llawen. Mae'n rhaid 'y mod i mewn . . . cariad? Fues i 'rioed yn teimlo fel hyn o'r blaen mae'n rhaid *'y mod i.*

"Bethan? Sut bynnag yr eith pethe dy' Llun, aros yn y practis neu fynd i neud locums, neith o ddim gwahanieth i mi . . . Wnei di 'mhriodi i? Dwi'n gwbod y bydd hyn yn dipyn o sioc, a 'sdim isio iti ateb rŵan – mi fyddi isio amser i fedd . . .

"Does gen i ddim isio'r un eiliad i feddwl, Jim 'nghariad i. Yr ateb ydi – gwna', fory nesa os mynni di." A chusan fawr glòs, ac un arall . . . am beth amser.

"Jim? Dwyt ti ddim wedi gofyn imi am 'y mod i wedi crio, yn naddo?"

"Wel, do a naddo. Gweld y dagre ddaru ddod â phethe i ben, ond mae'n rhaid 'y mod i'n gwbod cynt, ond nad oeddwn i 'rioed wedi gorfod gwynebu'n nheimlade o'r blaen. Diolch am ddau ddeigryn, yntê? Taswn i'n fardd mi fedrwn sgwennu englyn, ne' delyneg, ne' gywydd amdanyn nhw! Gwranda, Bethan, beth am inni fynd adre rŵan inni gael deud wrth Mam? Mae'n rhaid imi gael deud wrth rywun – na, wrth feddwl, mi fase'n well iti ddeud wrth dy dad yn gynta, ac ar ôl hynny mi gawn ni ddeud wrth Mam."

"Rwyt ti'n siarad lot o lol weithie, Jim, weithie rwyt ti'n cael sbelie call, fel jest rŵan, ond weithie rwyt ti'n siarad lol. Mi faswn i wrth fy modd yn dod adre hefo ti i ddeud wrth dy fam. Ffonio adre wna i, beth bynnag."

"Reit, a mi gei di ffonio adre o'r tŷ acw."

A cherdded i mewn i Argoed law yn llaw.

"Mam! Mam! Tyd yma . . ."

"Be sy'n bod, James? O! A Bethan ?"

"Dim byd yn bod, Mam, ond fod Bethan a finne wedi penderfynu priodi, ac isio i ti fod y cynta i gael gwbod!"

"O! dwi mor falch, Bethan!" gan gydio yn glòs yn y ddau ohonom. "A James." A rhyw dipyn o gryndod yn ei llais. " O, dwi mor falch!" Ac yna rywbeth oedd yn fwy tebyg i Mam. "Dwi'n siŵr mai James sy wedi cael y fargen ore, Bethan. Gobeithio na newch chi ddim difaru; mae o'n dipyn o lond llaw weithie, cofiwch."

"Na, Mrs Parry, 'den ni'n nabod 'n gilydd yn o lew erbyn hyn; fydda i ddim yn edifar." Ac yna mewn rhyw ruthr geirie, "Ga i'ch galw chi'n Mam, hefyd, Mrs Parry? Prin dwi'n cofio fy mam fy hun . . ."

Wel, dagre wedyn 'te, a mi gerddes i i'r gegin, a'u gadel nhw eu dwy, a rhoi'r tegell i ferwi.

Pan ddois i adre, wedi bod â Bethan yn ei hôl i'r nyrsys hôm, ac wedi canu 'Os nad yw hi'n fawr, mae hi'n ddigon' bron ar hyd y ffordd, nes bod 'n llais i'n gryg, roedd yne ole yn stafell Mam, fel arfer.

"James, tyd yma inni gael siarad. Dwi'n andros o falch amdanat ti a Bethan; roeddwn i wedi cymyd ati hi pan weles hi y tro cynta un, rywsut. Mae hi mor gall, ac mor agos-atoch-chi, a mi fase'n hawdd iawn iddi fod wedi cael ei sbwylio, a hithe wedi colli ei mham mor ifanc – na, rwyt ti wedi bod yn lwcus iawn. Ydech chi wedi meddwl pryd ydech chi am briodi?"

"'Rargien, hold on, Mam, dyden ni ddim ond newydd sylweddoli'n bod ni mewn cariad. A deud y gwir mi ddoth hynny drosta i fel huddug i botes. Un funud roeddwn i'n sôn fel y gallwn i fod yn gadel fan hyn ac yn gneud locums, a'r funud nesa roedd yne ddau ddeigryn yn ei llygid hi, a mi roeddwn inne'n gwbod 'mod i'n teimlo'r un fath, a dyne ni!"

" Mi gewch chi ddod i fyw yma yn Argoed, a mi wna inne chwilio am fflat bychan, rhywle digon cyfleus i'r siope – fydd gen i ddim isio lle mawr ar ôl dy gael di oddi ar 'y nwylo! Dwyt ti ddim isio cychwyn bywyd priodasol hefo dy fam o gwmpas, mae hynny'n siŵr, a pheth arall does 'ne ddim lle i ddwy ddynes mewn un gegin."

" Argol, Mam, rwyt ti wedi dechre trefnu popeth cyn i mi gael amser i brynu modrwy dyweddïo i Bethan! Dyden ni ddim wedi dechre siarad eto, ddim wedi sôn am pryd i briodi, heb sôn am le i fyw. Faswn i ddim yn meddwl byth i ti symud allan o'r tŷ i neud lle i Bethan a minne, a dwi ddim yn meddwl y base Bethan, chwaith."

" Mi gawn ni weld am hynny. O! mae Ifor Lewis wedi ffonio, yn deud y bydd o adre ar hyd wythnos nesa os wyt ti isio manylion gyno fo. Pa fanylion fydde rheini, James?"

" Manylion am locums, rhag ofn y bydda i isio gwaith ar ôl dy' Llun. Roeddwn i wedi meddwl ei ffonio fo heno ne' fory, beth bynnag. Reit, dwi am y gwely 'ne. Nos dawch, Mam."

" James?"

" Ia, Mam?"

" Wyt ti wedi cysgu hefo Bethan eto?"

Roeddwn i'n syfrdan.

" Be ofynnest ti?"

" Mi glywest yn iawn, ond mi ofynna i eto. Wyt ti wedi cysgu hefo Bethan eto?"

" Naddo, Mam, ar fy ngwir. Iechyd, dwi'n gwbod dy fod di'n licio deud pethe yn blwmp ac yn blaen, ond dwi ddim yn gwbod be sy wedi dod drosto ti heno, yn gofyn y fath gwestiwn."

" Ma' gen i fy rhesyme, James, ac 'wrach y cei di wbod beth yden nhw ryw ddiwrnod. Rŵan, dos i dy wely. Nos dawch."

" Nos dawch, Mam."

Be oedd hynne, 'te? Faswn i byth dragwyddol mochyn wedi disgwyl iddi ofyn hynne. Ddim Mam. Israel, mae heddiw wedi bod yn ddiwrnod mawr, a hynne ar ben popeth. Ond mae yne rywbeth tu ôl i'r cwestiwn. A roedd hi wedi gosod y briodas, a lle oedden ni'n mynd i fyw, cyn gofyn! Wel, mae yne un peth yn siŵr, chai ddim gwbod nes y bydd Mam yn fodlon deud – fuo 'ne neb erioed gwell am gadw cyfrinach na hi . . . 'Rargien, mae popeth wedi digwydd heddiw, popeth, a ma' 'mhen i'n troi ac yn troi. Fedra i ddim meddwl y cysga i heno o gwbwl, ond dwi ddigon bodlon; dydi rhywun ddim yn darganfod ei fod o mewn cariad bob *dydd o'r wythnos, a dydi rhywun ddim yn penderfynu priodi* bob *dydd o'r wythnos, a dydi rhywun ddim yn cael gafel ar un fel Bethan* bob *dydd o'r wythnos.*

Pen ar y gobennydd, a chwsg yn dod fel diffodd cannwyll.

Dy' Sul yn dod ac yn mynd, a minne'n dal yn y cymyle.

Pennod 5

Sgwn i be sy o 'mlaen i heddiw? Y dy' Llun cynta o bob mis dwi'n arfer cael 'y nghyflog. Sgwn i fydd o'n dal at hynny heddiw? Ac os ydi o, ydi o'n mynd i fod yn styfnig? Wedi iddo fo ddeud rhywbeth, mae'n anodd ofnadwy ganddo fo dynnu'n ôl. Hyd yn oed hefo'r pethe lleia. Dwi'n meddwl ei fod o'n gwbod ei fod o ar fai, achos neith o ddim aros yn y syrjeri i mi gael gair hefo fo. A rŵan mae o wedi gaddo i McKinney, ac wedi deud wrtha i, fedra i ddim gweld y gneith o droi yn ei garn – dydi o 'rioed wedi gneud o'r blaen . . . Ond ar yr ochor arall, dwi wedi newid. Pan ddeudodd o ddydd Iau y base fo'n tynnu pres odd' arna i, doedd dim dam o bwys gen i taswn i'n gadel yn y fan a'r lle, ond mae hi'n bwys gen i rŵan, a does gen i ddim isio gadel. Dwi 'di cael amser i feddwl. Dwi 'di dechre ennill 'n lle, ac 'wrach fod Mam yn iawn fod Rhen Wat wedi bod yn cadw lle i mi – ffordd ryfedd ar y naw i ddangos hynny, hefyd. A rŵan dwi am briodi Bethan, a mi faswn yn licio aros yma, a mi fydde hithe'n licio byw yma . . . Ond os ydw i'n derbyn y toriad cyflog yma, ac yn cymyd arna i nad oes yne ddim byd wedi digwydd, wel, bydda i o dan ei fawd o am byth. 'Wrach 'mod inne'n styfnig hefyd, fel mae Mam yn deud, ond fedrwn i ddim dal 'mhen i fyny byth wedyn. Na, os ydi'r siec yn iawn, dwi'n fodlon anghofio, er na faswn i byth yn madde iddo fo; ond os nad ydi'r siec yn iawn, yne dwi'n rhoi notis pythefnos iddo fo.

Pan oeddwn i o fewn cyrredd i'r syrjeri, mi weles Rover Rhen Wat yn dod allan ar ryw sbîd dychrynllyd, ac wrth iddo droi'r gornel roedd yne betrol yn pistyllio allan o'r tanc.

Wedi bod yn llenwi hefo petrol, ac wedi anghofio rhoi'r cap yn ei ôl – mae yne rywbeth wedi'i gynhyrfu o, felly. Be 'di'r brys, sgwn i?

" Iesgob, roedd Rhen Wat yn gyrru, Sali, a mi roedd o wedi

anghofio'r cap petrol eto." Doedd y naill na'r llall ohonon ni'n dda iawn am gofio'r cap. "Roedd o'n chwistrellu petrol yn ofnadwy wrth fynd rownd y gornel. Be oedd y brys mawr?"

" Wel, dwi ddim yn gwbod, Jim, a deud y gwir. Does yne ddim galwade pwysig iawn ar y llyfr heddiw o gwbwl; dim byd tebyg i alwad brys, beth bynnag. Sut benwythnos gawsoch chi?"

" Bendigedig, Sali, bendigedig. Mae Bethan a finne wedi penderfynu priodi! Ond peidiwch â gofyn pryd, achos 'den ni ddim wedi meddwl cyn belled â hynny eto."

" Wel, llongyfarchiade, Jim. Roeddwn i'n rhyw hanner disgwyl newyddion tebyg, a deud y gwir. 'Dech chi'n canlyn ers faint, rŵan? Dwy flynedd? Dwi'n andros o falch drostoch chi'ch dau. Be oedd 'ch Mam yn ddeud?"

" Mam ar ben ei digon, yn dweud ei bod hi'n hen bryd i rywun 'y nghymyd i odd' ar ei dwylo hi. Roedd hi mor falch nes ei bod hi'n cynnig y tŷ i ni, ac yn mynd i chwilio am le dipyn llai iddi hi ei hun. Ond chymrwn i mo'r byd â derbyn hynny."

" Ydech chi wedi prynu modrwy dyweddïo?"

" Ddim wedi cael amser i feddwl am hynny, chwaith, Sali."

" Mae RW wedi gadel amlen ichi yn y fa'ma, Jim; 'ych cyflog chi, debyg."

Rŵan amdani. Dyma be sy'n mynd i ddeud.

Agores yr amlen, a dyna'r geirie 'Less £10 for heifer at Mr McKinney, Tŷ Du,' fel tasen nhw'n neidio i'r golwg oddi ar y papur, a'r siec yn syrthio i'r llawr.

Wel, dyne ni. Dyne'i diwedd hi, 'te. Mae'r diawl penstiff wedi'i gneud hi rŵan. Dyne pam oedd o'n mynd allan ar gymint o frys – ofn bod yma pan oeddwn i'n agor hwn. Cachgi! Does yne ddim ond dau beth i'w neud – aros yma a gadel iddo fo sychu'i draed arna i, a fedrwn i ddim derbyn hynny; ne' godi 'mhac a mynd, a does gen i ddim isio gneud hynny, chwaith. Yr hen ffŵl iddo fo; mae o'n gwbod ei fod o ar fai, a mae o'n gwbod na wna i ddim derbyn hynne. Dwi 'di deud wrtho fo na fydda i ddim yma iddo fo gael tynnu arian o'r cyflog, a mae o'n dal i dynnu'r arian odd' arna i. Wel, dwi 'di deud yn ddigon clir, na, wna *i ddim aros chwaith.*

" Lle mae Rhen Wat wedi mynd, Sali? Ydi o ar y ffôn yne?"

" Ydi, Neuadd Wen. Ond be sy'n bod, Jim? 'Dech chi wedi mynd fel y galchen. Ydech chi ddim yn teimlo'n dda?"

" Nac ydw, Sali, dwi'n bell o fod yn teimlo'n dda. Mae Rhen Wat wedi tynnu £10 o 'nghyflog i i dalu am heffer McKinney, a mae o'n gwbod nad oedd yne ddim bai arna i. Roedd o wedi deud ddydd Iau y base fo'n gneud, a mi ddeudis i byddwn i'n mynd o'ma tase fo'n gneud. A mae o *wedi blincin wel gneud.* Ffoniwch fan'ne, Sali, a deudwch 'mod i isio gair hefo Rhen Wat, a mi ddeuda i wrtho fo'n blaen, a mi sgwenna i lythyr hefyd."

" Ydech chi'n siŵr mai fel'ne 'dech chi isio gneud, Jim? Fydde hi ddim yn well i aros dipyn bach nes y byddwch chi wedi tawelu, cyn siarad hefo fo?"

"Dwi 'di gneud dim byd ond meddwl am hyn ers dyddie, Sali, a dwi'n dod i'r un fan bob tro. Na, trïwch gael gafel ynddo fo rŵan, os medrwch chi."

Tra oedd Sali'n chwilio am rif ffôn, mi godes y siec odd'ar lawr. Dew, roedd hi'r un swm ag arfer.

Be aflwydd sy wedi digwydd fan hyn?

Darllenes y papur oedd hefo'r siec eto. 'Increase in salary £10 monthly'!

Wel, am wn i fod hynne'n waeth! Mae o wedi rhoi hefo un llaw, ac wedi dwyn hefo'r llall. Jest rhywbeth iddo fo gael bod yn iawn! Mewn ffordd mae o'n deud 'mod i'n ddigon da i haeddu codiad cyflog hefo un llaw – a hynny ar ôl dwy flynedd. Grêt, yntê? Ond ar y llaw arall dydw i ddim yn ddigon da i'w gael o, chwaith. Os ydi o'n meddwl 'mod i'n haeddu codiad cyflog, wel, iddo fo roi codiad cyflog. Ac os nad ydi o'n meddwl 'mod i'n haeddu, iddo fo beidio. Ond iddo fo beidio trio gneud y ddau beth mewn rhyw ffordd dan din i drio'i gyfiawnhau ei hun. Mae o'n gweld ei fod o wedi'i osod ei hun mewn picil, a mae o'n rhy styfnig i gyfadde fel dyn – yr hen fabi diawl iddo fo, a mae o'n trio'i gael ei hun allan o'r twll drwy ryw chware plant fel hyn. Dwi'n fwy penderfynol fyth rŵan! Tase fo'n codi'r cyflog £20 y mis, ac wedyn yn tynnu deg, mi fase hynny'n rhywbeth, ond i roi deg a thynnu deg, na, dydi hynny'n ddim ond chware plant.

"Dwi 'di cael trwodd i Neuadd Wen, Jim, a maen nhw wedi mynd i nôl RW."

Cymeres y ffôn ganddi, a disgwyl.

" Helo?"

" Helo, Mr Watkin. Jim Parry sy'n siarad. Dwi 'di agor yr

amlen hefo'r cyflog, a dwi'n anfodlon ofnadwy. Mi ddeudes wrthoch chi ddydd Iau na faswn i ddim yn derbyn ichi dynnu arian am yr heffer allan o 'nghyflog i, a mi rydech chi wedi gneud. Dwi mor anfodlon fel fy mod i'n rhoi notis ichi rŵan – mi fydda i'n gorffen yn y practis fore dy' Sadwrn y pymthegfed. Os na fyddwch chi wedi cael assistant erbyn hynny, yna, er lles y practis, a dim ond oherwydd hynny, dwi'n fodlon neud locum ichi am seithpunt y dydd nes y cewch chi rywun."

" James, peidiwch â bod mor fyrbwyll! Ydech chi wedi sylweddoli fy mod wedi codi'ch cyflog o ddeg punt y mis? Dydech chi felly ddim yn cael 'run geiniog yn . . ."

" Mr Watkin, os ydech chi'n meddwl 'mod i'n haeddu codiad cyflog, wel, rhowch godiad cyflog iawn imi, yn lle rhoi hefo un llaw a thynnu hefo'r llall. Hen dric sâl ydi hynny. Mi fydd yne lythyr ichi ar y ddesg pan ddowch chi'n ôl i'r syrjeri."

" Arhoswch funud, James, peidiwch â gneud hynny. Gadewch inni gael trafod hyn yn iawn; ddim dros y ffôn fel hyn, ond yn dawel a phwyllog yn y syrjeri, ar ôl cinio – dywedwch hanner awr wedi un. A dwi'n siŵr y medrwn ni ddod i ddealltwrieth. Be ddywedwch chi, James?"

" Na, Mr Watkin, mae'r peth yma wedi mynd yn rhy bell yn barod. Dwi ddigon cadarn 'y meddwl; mi fydd yne lythyr ar y ddesg erbyn amser cinio."

Rhoddes y ffôn i lawr. Roedd 'y nwylo i'n wlyb o chwys, a mi roeddwn i'n crynu drwydda.

" Jim, pam na chymrwch chi amser i dawelu," medde Sali, "ne' mi fyddwch yn edifar. 'Dech chi wedi gneud eich lle yn y practis rŵan, a mae pawb â gair da ichi . . ."

" Beth am McKinney?"

" Wel, 'wrach, ond fydd neb arall isio'ch gweld chi'n mynd, a 'dach chithe ddim isio mynd chwaith, yn nag oes, yn enwedig rŵan, a chithe am briodi. A dwn i ddim be fydd Mrs Parry'n ddeud; mi fydd hi'n torri ei chalon. 'Dech chi'n gwbod gymint mae hi'n feddwl o'r practis."

" Na, dwi 'di penderfynu, a dyne fo. Mi gewch chi ddeud 'y mod i'n styfnig fel Rhen Wat ei hun, os liciwch chi, ond mae'r hen fusnes yma wedi chwerwi pob peth. Mi sgwenna i'r llythyr rŵan."

Cymeres ddalen o bapur swyddogol y syrjeri, a sgwennes,

3.10.66.

Mr Watkin,

Hyn sydd i'ch hysbysu y byddaf yn terfynu fy ngwaith yn eich practis ddydd Sadwrn 15 Hydref 1966.

Pe baech yn ei chael yn anodd i gael olynydd i mi ar fyrder, yr wyf yn fodlon, er lles y practis, a dim ond hynny, i barhau i weithio ar delerau locum am gyflog o £7 y dydd.

Gan na fu unrhyw gytundeb ffurfiol rhyngom yn ystod y ddwy flynedd ddiwethaf, credaf na fydd gan y Coleg Brenhinol unrhyw wrthwynebiad imi gymryd y camau yma.

Yr eiddoch,
James Parry.

a'i roi mewn amlen, a'i selio, a rhoi 'Mr Richard Watkin' arno, a'i adel mewn lle amlwg ar y ddesg.

"Dangoswch hwnne iddo fo pan ddaw o i mewn, Sali, wnewch chi?" Cefais fy hun yn rhoi ochenaid ddofn, anfodlon. Rŵan, be sy ar y llyfr am heddiw? Mae yne waith yn disgwyl, yn siŵr, a mae'n rhaid ei neud o, dydi o ddim bwys sut hwylie sy ar neb. 'Time and tide wait for no man', medde'r Sais, a mi faswn i'n deud fod afiechydon ac anhwyldere anifeilied rywbeth yn debyg. Vaughan y Fawnog yn dal mewn trafferth, dwi'n gweld. Mi a' i i fan'no yn gynta, ac i Blaen-cwm, Pen Bwlch, a Tŷ Isa yn y drefn yne, Sali, a dod yn ôl heibio Coed Duon, a mi ffonia i 'nôl rywbryd yn ystod y bore."

Dario, ddaru mi ddim meddwl y bydde pethe'n dod i hyn, chwaith. Be oedd Rhen Wat yn ei feddwl wrth gynnig trafod a dod i ddealltwrieth? Yr unig ffordd allan o hyn – na, ddim yr unig ffordd, chwaith, mae'n siŵr – ydi iddo fo ddileu y 'Less £10' yne, ond i neud hynny mi fase'n rhaid iddo fo gyfadde ei fod o wedi bod ar fai. Erbyn hyn faswn i ddim yn derbyn £20 o godiad os oedd y geirie yne yn dal ar y papur. Ia, wel, ffordd arall fydde i mi dderbyn y geirie yne, a llyncu poer a cholli hunan-barch, ia, a hynny dim ond er mwyn iddo fo gael peidio cyfadde ei fod o wedi methu. A wneith o byth mo hynny, byth bythoedd . . . Mae gen i waith egluro i Mam. Roedd Sali'n iawn, mi fydd hi wedi cymyd ati'n ofnadwy. A dwi'n gwbod be fydd hi'n ei ddeud: "Rwyt ti'n llawn mor styfnig â Richard; 'dwn i ddim pwy 'di'r gwaetha, wir."

Dwi'n meddwl ei bod hi a'i bryd ar i mi ddod yn bartner yma, llawn cymint ag oeddwn i. A mae hi'n ei gweld ei hun yn rhan o'r practis, llawn cymint â Rhen Wat. A mi fydd Bethan wedi siomi yn ddifrifol hefyd, y hi a fi, a ma' hynny'n pwyso arna i. A'r cwbwl am fod Rhen Wat wedi bod mor ddiniwed â chredu McKinney, a fynte'n gwbod ei fod o'n stretshio pethe yn amlach na pheidio, a rŵan dydi o ddim isio ymddangos yn wan wrth newid ei feddwl. Mi fydd Mam isio gwbod pam na wna i 'stwytho – tase hi'n pwyso dipyn ar y "Richard" yne, 'wrach y basen ni'n cyrredd rhywle. Ma' gen i dipyn o waith ffonio heno – Bethan yn gynta, ac Ifor wedyn, ond fedra i ddim trefnu dim byd hefo fo, chwaith, rhag ofn y bydd yn rhaid imi aros yma dros dro. O! ponsh mewn difri.

"Does yne ddim llawer o newid yma, Mr Vaughan; rhywbeth yn debyg yden nhw, yn ôl be dwi'n weld. Be oedd Mr Watkin yn ei feddwl?"

" Rhoi chwaneg o benisilin ddaru o, heb ddeud rhyw lawer – dim llawer o hwylie arno fo, ddwedwn i, ac os ca i fod mor hy â deud, does 'ne ddim llawer o hwylie arnat ti heddiw, chwaith, Jim."

" 'Dech chi'n iawn, Mr Vaughan, dim llawer o hwylie o gwbwl. Ond dyne fo! . . . Reit, dwi'n meddwl y bydd yn rhaid inni roi trei ar y pot. permang. yma rŵan. Mi ddangosa i ichi faint o'r stwff yma i'w roi mewn peint a hanner o ddŵr, a mi gewch chi roi dos iddyn nhw heddiw a fory. Diolch fyth fod gynnoch chi'r crysh; mi fydd yn haws wrth iddyn nhw ddod drwy hwnnw, ond ma' gynnoch chi dipyn o waith er hynny. Gwyliwch rhag ei gael o ar 'ych dwylo, ne' mi fyddwch yn frown i gyd."

Ia, wel, doeddwn i ddim am ddeud y stori wrtho fo, er roeddwn i'n meddwl ei fod o'n hogi am gael gwbod be oedd yn bod. Doedd Rhen Wat ddim wedi deud be oedd yn ei boeni o. Dwy ochor i'r un un geiniog fydde hi, beth bynnag. A mae'n amlwg ei fod o'n poeni, achos mae o wedi trio dod allan ohoni hefo'r pitw codiad cyflog yne. O! dwn i ddim be i'w neud! Wel, os oedd o'n poeni ddoe, mae o'n poeni mwy heddiw, ar ôl be ddeudis i ar y ffôn. 'Wrach y bydde hi'n well imi wrando be sy ganddo fo i ddeud, hefyd, cyn rhoi'r llythyr yne iddo fo. Ia, bydde hynny'n rhoi siawns iddo fo gynnig rhyw gyfaddawd, a does gen i ddim byd i'w golli rŵan. A ma' gen i lot i ennill! Mae'n rhaid imi ofyn i Sali am guddio'r llythyr yne nes y bydda i wedi cael yr wyneb yn wyneb hefo fo. Ond ma'n rhaid imi beidio mwydro, mwydro fel hyn; dydi troi pethe rownd a rownd yn helpu dim.

Gwaith y bore'n mynd yn eitha rhwydd – dim llawer o waith meddwl. Eitha peth, a finne mewn rhyw hanner breuddwyd hanner hunlle.

Codi'r ffôn yn y ciosg. "Sali, Jim sy 'ma. Wyddoch chi'r llythyr 'ne . . ."

"Ar 'ch traws chi, Jim, 'den ni newydd gael ffôn o Neuadd Wen. Maen nhw'n deud fod Mr Watkin wedi cael damwain wrth fynd oddi yno y bore 'ma, a mae o yn y 'sbyty yn Wrecsam. Mi glywson y glec a rhedeg allan, a mae'n rhaid ei fod o wedi sgidio ar y cerrig mân ar ochor y ffordd achos mi aeth ar ei ben i'r wal . . ."

" Ydi o wedi brifo'n ddrwg?"

" Wel, roedd yn rhaid iddyn nhw alw am ambiwlans. Mae o wedi torri ei goes ac wedi taro ei ben yn y windsgrin. Dipyn o waed, medde Jini, ond roedd o'n ymwybodol ac yn siarad hefo nhw, ond roedd o mewn dipyn o boen."

" Pryd oedd hyn, Sali?"

" Toc ar ôl dod yn ôl wedi bod yn siarad ar y ffôn hefo chi, pryd bynnag oedd hynny."

O'r iechyd, roedd o wedi gwylltio cyn gadel y syrjeri, ac wedi gwylltio'n waeth ar ôl i mi roi fy notis iddo fo – y fi sy wedi achosi'r ddamwain; arna i mae'r bai.

" Mae o wedi digwydd ers dwyawr a hanner i deirawr, felly. Ydech chi wedi ffonio'r 'sbyty i gael gwbod sut mae o?"

" Naddo, newydd gael gwbod yden ni."

" Wel, ffoniwch nhw, a gofynnwch sut y mae o, ac a ydi o'n ddigon da i ni fynd i'w weld o. Ac wedyn ffoniwch Mam i ddeud wrthi hi, a gofynnwch iddi am rif ffôn Ifor Lewis achos os ydi RW wedi torri ei goes, mae o'n mynd i fod yn y 'sbyty am wythnose, a mi fydd yn fisoedd cyn y ceith o weithio, a fedra i ddim rhedeg y practis heb help, felly mi fydd yn rhaid cael locum yma, a dwi'n siŵr y gneith If. Ia, ffoniwch Ifor, a gofynnwch feder o ddod i roi help. Pwy oedd gan Rhe . . . y . . . RW ar ei rownd? Fase'n well ichi ffonio'r rheini hefyd i ddeud y bydda i'n dŵad rywbryd heddiw ond y galle hi fod yn hwyr iawn. Be arall sy isio'i neud, 'dwch? O, ia, ffoniwch y garej iddyn nhw fynd i fyny i Neuadd Wen i nôl y Rover. A phan fyddwch chi'n ffonio Mam, gofynnwch iddi a oes ganddo fo deulu y dylen ni fod yn rhoi gwbod iddyn nhw. Mae'n siŵr fod yne beth wmbreth o bethe erill i'w gneud hefyd, ond fedra i ddim meddwl am fwy ar y funud – mi ddo i'n ôl cyn gynted ag y medra i, ond mi alwa i heibio Neuadd Wen ar y ffordd; 'wrach y byddan nhw'n gwbod mwy erbyn hyn."

Arna i mae'r bai am hyn! Roedd o wedi cynhyrfu'n mynd allan o'r syrjeri y bore 'ma; roeddwn i'n gweld hynny fel roedd o'n gyrru, a fel roedd y petrol yn tatshio. Ac wedyn, y fi, yn ddyn mawr, yn deud wrtho fo be i neud hefo'i job, fwy ne' lai. A mi fydde wedi gwylltio wedyn, yn siŵr. Mi fedra i ei weld o – troed i lawr, a rhuo allan o Neuadd Wen, a'i cholli hi ar y tro a smac i'r wal. Taswn i wedi gwrando ar Mam . . . Roedd hi isio i mi beidio cymyd sylw, a gadel i bethe chwythu drosodd, ond na, roeddwn i wedi codi ar gefn 'y ngheffyl. Oedd, roedd yne fai arno fo, wrth gwrs roedd 'ne fai arno fo – ond roedd o wedi trio gneud iawn am hynny drwy godi 'nghyflog i. Ond 'y mod i'n rhy bigog, ac yn meddwl gormod ohona' fy hun i weld hynny. Fase waeth i mi fod wedi cymyd gordd a thorri ei goes o fy hun. Wel, mae pethe ar 'n 'sgwydde i rŵan; mae'r practis yn ddibynnol arna i. A mi wna i'n siŵr 'mod i'n gneud popeth yn iawn, a phan ddaw o'n ei ôl fydd o ddim yn teimlo bod y lle wedi mynd a'i ben iddo.

Aros wrth y Rover. Lwc ei fod o'n gar solet, achos mae 'ne dipyn o olwg arno fo fel y mae hi. A gwaed! Gwaed ar y llyw, gwaed ar y sêt; a'r papure, a'r poteli a phopeth wedi cael eu lluchio bendramwnwgl i'r tu blaen.

" Golwg mawr arno fo, Bij!" medde Dei, mab Neuadd Wen, yn cerdded i fyny'r ffordd at y car. " Y fi oedd yma gynta, wysti, ac o'n i'n gweld yn syth na fedren ni ddim cael Mr Watkin allan; diawch, roedd 'ne olwg mawr arno fo. A mi redes i'n syth at y ffôn i ffonio 999, a chymodd yr ambiwlans ddim gwerth i gyrredd. A mi gawson *nhw* drafferth i'w gael o allan, roedd o mewn cymint o boen hefo'i goes."

" Yn lle mae o wedi torri ei goes, Dei?"

"Dwi ddim yn gwbod yn iawn, ond roedden nhw'n andros o

ofalus yn trio'i chadw hi'n syth, a mi roedd yne waed yn ddu ar ei drwsus o. A roedd 'ne waed yn llifo o'i drwyn o."

" 'Dech chi ddim wedi clywed dim byd wedyn, debyg?"

" 'Den ni 'di ffonio Wrecsam; 'comfortable', medden nhw. Mae'n siŵr eu bod nhw wedi rhoi rhywbeth i ladd y boen; mae o'n bownd o fod yn fwy fforddus nag oedd o pan aeth i'r ambiwlans, yn tydi?"

" Mi fydd yn draed moch arnon ni rŵan, heb Mr Watkin; fo oedd yn rhedeg popeth, ond mi fydd yn rhaid i mi neud 'y ngore. Dwi'n gobeithio y medra i gael Ifor Lewis i ddod i helpu. Wyt ti'n cofio If? Roedd yn yr ysgol hefo ni tan y bedwaredd, ac wedyn mi symudodd y teulu i Gaernarfon i fyw."

" Yndw, dwi'n ei gofio fo – gwallt du cyrliog ac yn deud jôcs o hyd. Dew, aeth o'n ffariar hefyd?"

" Ia, dyne fo, roedd y ddau ohonon ni yn y coleg hefo'n gilydd, yn hen ffrindie. 'Rargol, mae'n rhaid imi hel 'y nhraed, Dei. O, a mi ddyle'r garej fod yma toc i nôl y car 'ma, os ydi Sali wedi cael amser i ffonio."

Doeddwn i ddim yn licio gweld yr holl waed yne yn y car; gobeithio mai o'i drwyn o oedd o'n dod. Gobeithio nad oedd o wedi cael compownd ffracshyr o'i glun a bod yne waed yn dod o hwnnw, ne' mi alle fod am fisoedd cyn cael dechre gweithio . . . 'Wrach y cawn ni fynd i'w weld o heno. Dwi'n siŵr y bydd Mam isio dod, tase dim ond am ryw chydig funude. Dwi isio deud wrtho fo nad oes gen i bwriad i adel y practis rŵan, nac o gwbwl, dwi ddim yn meddwl, a mi fydd yn rhaid imi ddeud 'mod i wedi gofyn i If fel locum. A mi fydd isio gwbod sut i ordro, a sut i dalu bilie, a sut i dalu cyfloge, a'r P.A.Y.E., a, iechyd mawr, does gen i ddim syniad sut i brisio gwaith. Hold on, James Parry, hold on, rwyt ti'n dechre mynd i banic. Un peth ar y tro, Jim Parry, mae Mam a Sali wedi gofalu am yr offis ers blynyddoedd, a maen nhw'n siŵr o fod yn gwbod yn o lew sut oedd RW yn gneud pethe . . . Rhyfedd yntê, fel y ces i fy hun yn mynd i ddeud Rhen Wat ac yn stopio ar y canol ac yn deud RW, fel tase Rhen Wat yn ddilornus – ac wrth feddwl, 'wrach ei fod o, hefyd.

Yn ôl i'r syrjeri. Roedd Mam yno hefo Sali.

"Cyn ichi ddeud dim, Jim, mae yne fuwch yn Tyn Coed wedi neidio dros weiar bigog, ac wedi rhwygo'i theth, a'r weithen fawr o dan ei bol, a mae hi'n pistyllio gwaedu, ac isio ichi fynd yn syth."

" Ddeudsoch chi wrthyn nhw i ddal llian yn dynn ar y weithen i atal y gwaedu, Sali?"

" Do, ond 'dech chi'n gwbod amdanyn nhw, ma'n nhw mewn panic ofnadwy."

" Reit. Ddoi di hefo fi, Mam? Mi fedrwn siarad yn y car. Sut hwyl gawsoch chi ar y ffonio, Sali?"

" Mae Mr Watkin yn y theatr rŵan yn cael trinieth, medde'r Sister. Mae'n debyg y cewch chi fynd i'w weld o heno am ychydig, ond mi fydd yn rhaid ichi ffonio cyn mynd. A mae'r garej ar eu ffordd i nôl y car, a mi fydd Ifor Lewis yn cyrredd yma cyn amser te, a does yne ddim gwaith arall na feder o aros tan fory."

" Diolch, Sali. Mi awn ni 'te, Mam. Ddylen ni ddim bod yn hir, Sali. Diolch fyth bod Tyn Coed mor agos, yntê?"

Neidio i'r car, a chychwyn reit eger.

" Cymer bwyll, James, does gen i ddim isio bod yn un o ddau arall wedi torri eu coese! Wneith cyrredd yno mewn wyth munud yn lle mewn deg munud ddim gwahanieth i'r fuwch, a mi fase cymyd chwarter awr yn well na pheidio cyrredd o gwbwl."

" Olreit, Mam," ac arafu, a thrio tawelu mymryn," ond ma' 'ne gymint o bethe i'w gneud."

" Fedri di ddim ond eu gneud nhw bob yn un, sut bynnag yr edrychi di arnyn nhw."

" Arna i mae'r bai am hyn i gyd, Mam. Gwranda, pan g'ryddes i'r syrjeri y bore 'ma, roedd RW yn sgrialu allan i'r ffordd, heb ailosod y cap petrol ar ôl llenwi, ac roedd y petrol yn llifo allan wrth iddo fo gymyd y gornel. A mi ddalltes ei fod o wedi cynhyrfu. Pan es i i mewn roedd o wedi rhoi 'ngyflog i mewn amlen, a mi roedd o wedi tynnu £10 am yr heffer, a mi wyllties i, a ffonio ar ei ôl o i Neuadd Wen, a deud 'mod i'n anfodlon iawn, a rhoi pythefnos o notis iddo fo. Hynny oedd wedi ei gynhyrfu o, ddigon siŵr. A mi roedd o wedi codi 'nghyflog i o £10 i gwarfod y golled, ond mi gymres i ei fod o'n chware gêm yn cymyd ac yn rhoi yr un pryd. Ond dyne pam yr oedd o wedi gwylltio, am 'y mod i wedi ffonio, a dyne pam y cymrodd o gornel Neuadd Wen ar ormod o sbîd a mynd i'r wal. Dwi 'di bod yn meddwl; fase waeth imi fod wedi mynd ati i dorri ei goes o fy hun."

" Paid â siarad mor hurt, James. Nonsens ydi siarad fel'ne. Mi ddylse Richard fod wedi meddwl cyn sgwennu dy siec di. Roeddet ti wedi deud wrtho fo wythnos dwytha, on'd oeddet ti, na faset ti ddim yn fodlon iddo fo dynnu pres odd' arnat ti? A mi ddyle fo wbod dy fod di mor styfnig â fynte. Mae o wedi tynnu hyn am ei ben ei hun. Doedd ddim isio sgwennu na nodyn na siec heb siarad yn gall wyneb yn wyneb gynta. A paid ti â gadel imi dy glywed di'n deud hynne eto – y bai i gyd arnat ti, yn wir!"

Mae gan Mam ryw ffordd o hanner sniffian pan mae hi'n deud rhywbeth yn bendant, ond dwi ddim yn hollol siŵr mai'r sniffian hwnnw dwi'n ei glywed rŵan.

"Dwi wedi ffonio Bethan drostot ti; mi ges i afel arni ar ei hamser cinio. Dwn i ddim pa drefniade sy gynnoch chi'ch dau, ond roeddwn i'n meddwl y bydde pethe dipyn ar chwâl oherwydd hyn."

" Diolch, Mam, dwi ddim wedi cael amser i feddwl am ddim tu allan i'r practis eto. Hwnnw sy'n bwysig, a mae popeth arall yn eilradd rywsut, waeth pa mor annheg ydi hynny."

Troi i mewn i fuarth Tyn Coed. Roedd Reg a Marian yn sefyll yn y fan honno yn disgwyl amdana i.

" Wnei di drio tawelu dipyn bach arnyn nhw, Mam? Gobeithio fod yne rywun hefo'r fuwch, wir."

" Helo, Reg. Sut ma' pethe erbyn hyn?"

" Dowch i'w gweld hi, Jim. Dwi 'di dal llian ar y briw, a mae'r gwaedu mawr wedi peidio, ond mi gewch chi weld drostoch chi'ch hun."

I mewn â fi i'r côr. Doedd yne ddim llawer o waed ar lawr, ac wedi edrych y fuwch, doedd hi ddim wedi rhwygo'r weithen fawr, dim ond yr un fechan yn union o flaen y pwrs, a honno wedi peidio gwaedu erbyn hyn, a mi roedd yne ryw fân grafiade ar y deth, dim byd o bwys.

Be dwi'n mynd i neud rŵan? Does dim isio gneud dim byd, a bod yn onest, ond os na fydda i'n rhoi rhyw fath o drinieth, mi fydd Reg yn andros o anfodlon. Mae o'n trin ei wartheg fel tasen nhw'n blant – 'wrach am nad oes ganddyn nhw ddim plant eu hunen. Mi fydd yn rhaid imi neud rhywbeth.

" 'Dech chi wedi bod yn lwcus iawn, Reg. Mi wnaethoch y peth iawn, yn dal y llian yne'n ddigon tyn i atal y gwaed; dwi 'di gweld rhai fel hyn yn gwaedu'n ddifrifol iawn. Dwi ddim yn meddwl y gwna i drio rhoi pwyth yn y croen, chwaith, rhag ofn iddi ailddechre gwaedu, ond mi rodda i dipyn o bowdwr M & B ar gotyn wl, ac Elastoplast i'w ddal o yn ei le. A mi gewch chi eli Terramycin i'w roi ar y deth, lle mae'r weiar bigog wedi crafu'r croen.

"Ddeudodd Sali wrthoch chi fod Mr Watkin wedi cael damwain hefo'r car y bore 'ma? Do, cofiwch, a mae o yn 'sbyty Wrecsam, wedi torri ei goes. Mae Mam a finne am fynd i'w weld o'r pnawn yma os medrwn ni, felly mae'n rhaid inni fynd."

" O! mae'n ddrwg gen i glywed. Cofiwch Marian a finne ato fo, wnewch chi, Jim?"

Os daw'r hen If yn weddol gynnar y pnawn 'ma, mi feder o edrych ar ôl y syrjeri a'r gwaith; mae o wedi hen arfer cerdded i mewn i bractis diarth a chymyd drosodd. Mi fydd yn rhaid i mi gael ar ddallt gan Mam a Sali be sy'n rhaid imi neud hefo'r banc, a'r ordors – a'r Ministri; mi fydd yn rhaid imi roi gwbod iddyn nhw'n syth. Lle mae If yn mynd i aros? Sut yden ni'n mynd i'w gweithio hi hefo'r ffôn? Oes isio codi insiwrans? Geith If weithio heb insiwrans? Dal dy afel, James, dal dy afel bob yn gam a cham y doi di drwyddi . . .

" Rwyt ti'n ddistaw iawn, James!"

" Meddwl ydw i, Mam, meddwl. Ma' 'ne gymint o waith trefnu, dwi ddim yn gweld sut y medra i neud pob peth. A ma' pethe'n mynd rownd a rownd yn 'y mhen i, braidd. Tra dwi'n trio meddwl am un peth, ma' 'ne rywbeth arall yn codi'i ben, a rhywbeth arall, a rhywbeth arall, nes 'y mod i'n meddwl am bopeth ac yn trefnu dim yn y diwedd."

" James, does yne ddim ond un ffordd i ddod dros hynne – sgwennu rhestr, a mynd trwyddyn nhw bob yn un, ac wedi iti neud y peth cynta, wel, pensal drwy hwnnw, a mynd at yr ail, a felly 'mlaen. Mi fydd hi'n haws arnat ti ar ôl gweld Richard heno, a gweld be sy ganddo fo i'w ddeud. A does dim rhaid iti neud popeth, beth bynnag; mae Sali'n dallt sut ma' rhedeg y swyddfa, a dw inne wedi bod o gwmpas y lle am flynyddoedd, felly mi fedra inne neud peth. Mi fydd Ifor Lewis yn cyrredd erbyn diwedd y pnawn. Dwi 'di meddwl y base'n well iddo fo aros hefo ni yn Argoed – i ddechre, beth bynnag; mi fydd yn haws hefo'r ffôn felly. Wedi iddo fo gyrredd mi fydd pethe'n edrych yn well, gei di weld! Mi gawn ni drefn ar bethe, paid â phoeni. Ond paid di â hel hen feddylie am Richard a'r ddamwain yne; dwi'n meddwl fod hynny'n dal yn dy fol di, ond mi fydd yn rhaid iti gael gweld Richard cyn y doi di dros hynny, debyg."

Mae hi'n iawn, wrth gwrs. Dwi'n dal i feddwl am hynny, ond dwi'n credu erbyn hyn fod yne fai ar y ddau ohonon ni, ond taswn i heb wylltio a ffonio – dyne ddaru roi'r top hat ar bethe. Ond pwy ŵyr? Roedd o mewn dipyn o stad y bore cynta, wrth fynd o'r syrjeri.

" Pryd y cawn ni'i weld o yn y 'sbyty, Mam? Wyt ti'n gwbod be 'di'r orie?"

" Maen nhw'n hynod o dda fel arfer. Cyn belled na fyddwn ni ddim yno amser bwyd, ne' adeg rownd y doctor, dwi'n siŵr y cawn ni'i weld o pryd bynnag y c'ryddwn ni, ac ond inni beidio gneud arfer o fynd ar amseroedd chwithig, mi fydd yn iawn."

Yn ôl wrth y syrjeri, roedd yne MG y tu allan i'r drws. Doeddwn i ddim yn nabod y car; 'rioed wedi ei weld o o'r blaen. Agor y drws a cherdded i mewn.

"Ifor Lewis, Locum Service to the gentry and byddigions, Large and Small Animal Specialist, at your service, Mr James Parry. How do you do?" A'r peth nesa, roedd Ifor yn tynnu ei gap stabal ac yn moesymgrymu nes bod ei drwyn o'n cyffwrdd y llawr, bron iawn. "Sut wyt ti, Bij, yr hen goes? Mi ddois i cyn gynted ag y medrwn i; meddwl fod 'ne sŵn panic braidd yn y neges ges i dros y ffôn."

Fedrwn i ddim peidio chwerthin wrth wrando arno fo'n lolian. "If, rwyt ti'n donic. Dwi ddim wedi medru gwenu heb sôn am chwerthin cyn i ti gyrredd. Diolch iti am ddod mor sydyn. Wysti be, dwi'n teimlo pethe'n 'sgafnu yn barod. Ti bia'r hen recsyn car yne tu allan?"

"Ia, dydi o'n fawr o beth, cofia, ond mae o'n un da am dynnu merched – sori, Mrs Parry, 'wrach na ddylwn i ddim fod wedi deud hynne, ond waeth i chi gael gwbod y gwir am eich hynod fab. Roedd o'n hollol ddibynnol arna i i gael partner pan fydde 'ne ddawns yn y coleg, a mae gen i ofn imi lithro'n ôl i'r dyddie rheini heb feddwl; mae'n wirioneddol ddrwg gen i, ydi wir!" Hyn i gyd a rhyw wên fawr yn lledu dros ei wyneb, a Mam a Sali'n gwenu hefyd. Rhyw effeth felly oedd o'n gael ar ferched erioed. "Rŵan 'te, bras tacs. Dwi 'di trefnu i aros hefo Doris, 'nghnither, yn Church Street . . ."

"Ond mi roeddwn i'n disgwyl y byddech chi'n aros hefo ni, Ifor," medde Mam. "Mae acw wely yn barod ichi."

"Na, wir, Mrs Parry, mi fues i mewn digs hefo Bij yma am bum mlynedd, a mi roedd hynny'n fwy na digon. Mae hi wedi cymyd tair blynedd imi adennill fy hunan-barch ar ôl cyfnod mor tromatic. Na, heb dynnu coes, mi ffonies Doris y peth cynta ar ôl clywed gan Sali 'ma, a mae hi'n mynnu 'mod i'n aros hefo hi, ond diolch i chi'r un fath. A pheth arall, mi fydd gynnoch chi ddigon ar 'ch plât, heb orfod meddwl amdana i hefyd."

" Olreit, If, mi dderbyniwn ni'r trefniant yne am y tro. Ond os oes yne unrhyw anhawster, rwyt ti'n gwbod fod yne wely acw. Faint wyt ti'n gofio o'r ardal, dywed? Mae'n siŵr dy fod ti'n eitha cyfarwydd; rhwng hynny a chael map ordnans syrfei, 'dei di ddim ar goll. Mi faswn i'n licio gadel popeth yn dy ddwylo di am heno, er mwyn i Mam a minne fynd i Wrecsam, os ydi hynny'n iawn hefo ti? Cymer beth bynnag wyt ti isio o gyffurie ac offer, a mi wneith Sali 'ma dy roi di ar ben y ffordd."

Dydw i mo'r mwya sylwgar, yn hytrach fel arall yn union, ond wrth gerdded i fyny'r grisie a throi am y ward, mi ddaeth yne un o'r merched smartia a welis i 'rioed allan o'r ward, a heibio i ni ac i lawr y grisie.

" 'Rargen, roedd honne'n ddel, Mam!"

" Cadw di dy feddwl ar Bethan; mae un ferch yn hen ddigon i ti," yn ddigon pifis.

O, na! Mae hi wedi llyncu stori'r hen If; wedi cymyd mai dim ond rhedeg ar ôl merched fues i yn y coleg – wel, y fo a fi, 'te. A doeddwn i'n meddwl dim, dim ond ei bod hi'n smart. Mi fydd yn rhaid cael gair hefo If, iddo fo fod yn ofalus pan mae o'n tynnu coes. Ac eto, dydi Mam ddim yn arfer codi i'r abwyd fel'ne, chwaith. Sut olwg fydd ar RW, sgwn i? Mae o wedi colli dipyn o waed, a mae o wedi cael sioc go arw hefyd. Ac 'wrach na wneith o ddim ond cysgu; ond mi fyddwn wedi bod, o leia.

Roedd y Sister ar y ward yn deud fod RW *wedi* cael compownd fracshyr o'r goes chwith, a'u bod nhw wedi rhoi pin yn y glun.

Bydde, mi fydde'n bosib siarad hefo fo, ond i beidio'i flino fo – roedd o wedi cael dipyn o sioc, ac wedi colli gwaed.

Golwg go lipa ar RW, ond mae o wedi'n gweld ni, a mae yne ymgais ar wên.

" Sut ydech chi, Richard, Mr Watkin?" – y ddau ohonon ni hefo'n gilydd, fel parti cydadrodd.

" Fel y gwelwch chi, Marged, James. Teimlo'n o gysglyd, a fel taswn i wedi cael 'y nghicio. Ond wedi cael gorwedd yma a meddwl, 'dydw i'n haeddu be ges i? James, doedd gen i ddim hawl i neud be wnes i . . ."

"Doedd gen inne ddim hawl i wylltio, Mr Watkin, fel y gwnes inne, chwaith. A mae gen i isio deud 'y mod i am aros yn y practis . . ."

" Na, gwrandwch, James. Fydda i ddim yn fodlon nes y bydda i wedi deud hyn. Dwn i ddim pam y derbynies i air McKinney. Fûm i 'rioed yn siŵr iawn ei fod o'n eirwir bob tro, ond pan welis i'r heffer wedi marw ar y buarth, mi gymeres i'ch bod chi wedi gneud andros o lanast o bethe. Mi wnes i gam â chi, James; mae'ch gwaith chi wedi bod yn gymeradwy iawn dros y ddwy flynedd dwytha 'ma. A mae gen i isio ymddiheuro ichi. Mae'n rhaid fy mod i'n gwbod hynny hefyd, a dyna'r rheswm am y codiad cyflog yne. Mae'n ddrwg gen i, James."

Fedra i ddim credu hyn. RW yn ymddiheuro i mi, *ac yn gorwedd yn y fan'ne am 'y mod i wedi ymddwyn fel rhyw gorcyn bach, ac yn lluchio 'mhwyse o gwmpas. Mae'n andros o job gen i drio siarad; ma' gen i lwmp mawr yn 'y ngwddw – o'r iechyd, a dagre! Rhyddhad ydi hyn i gyd, faswn i'n meddwl. Ma' hwn wedi bod yn berwi tu mewn imi ers dydd Iau, a rŵan mae o'n cael ei ffordd allan.*

Mae Mam wedi dallt ei bod hi'n ddrwg arna i.

" Richard, dyna ddigon ar hynne. Mae James wedi trefnu i gael locum i mewn, a mi roedd o wedi cyrredd cyn i ni ddod yma i'ch gweld chi. Ffrind coleg o Gaernarfon. A mae popeth yn y practis o dan reoleth erbyn hyn, peidiwch â phoeni'ch pen am hynny. Dwi 'di dod â photel o Lucozade ichi, a bwnsied o grêps – mi ro i nhw ar y locer yn y fan hyn. Mi fydd yne rywun yn dod i'ch gweld chi bob dydd, i ddod â'r hanes i gyd ichi. Y cwbwl sy raid ichi neud ydi aros yn dawel yn y fan yne, a gwella. Deudwch i mi, oes ganddoch chi deulu y dylen ni roi gwbod iddyn nhw? Dwi'n gwbod nad oes ganddoch chi neb agos, 'dan ni rywbeth yn debyg fel yne, ond oes yne berthnase y dylen ni gysylltu hefo nhw?"

" Na, dwi ddim yn credu, Marged. Mae gen i ddau gefnder yn Wolverhampton, ond wnaethon ni fawr iawn hefo'n gilydd 'rioed. Na, does dim isio poeni hefo rheini, diolch. Ond gwrandwch, un peth arall James, dwi'n bwriadu'ch gneud chi'n bartner cyn gynted ag y bydda i'n medru trefnu pethe hefo'r twrne."

Wel, be sy'n bod arna i? Fedra i yn 'y myw ddeud gair.

Cymyd llond 'sgyfaint o anadl. " Diolch yn fawr, Mr Watkin. Mi wna i 'ngore."

" Rŵan, Richard, wnawn ni ddim aros, rhag ichi flino gormod. Mi ddown i'ch gweld chi fory." Mam yn cymyd yr awene!

A hi oedd yn iawn hefyd; roedd RW yn gwelwi, ac yn amlwg wedi blino o'i galon. Dim ond ei natur benderfynol o oedd wedi ei gynnal o i ddeud hynne wrtha i, a rŵan roedd o'n llithro'n ôl i hanner cwsg.

" Mae Richard a tithe wedi bod yn wirion, yn wirion iawn hefyd; roedd hi'n rhaid cael damwain i neud ichi siarad sens hefo'ch gilydd. Does gen ti ddim cywilydd, James?"

"Mam bach, mae gen i gywilydd rŵan, ac roedd gen i gywilydd wrth ei wely o hefyd, a dyna pam na fedrwn i mo'i ateb o. Roeddwn i'n llawn; fedrwn i ddeud 'run gair o 'mhen. Roedd o'n dangos dipyn o gyts i ymddiheuro i mi – i mi, a finne wedi ymddwyn mor ffiedd hefo fo. A dwi'n andros o falch ei fod o'n fodlon arna i, yn fodlon ar 'y ngwaith i, ac yn fodlon 'y nghymyd i fel partner. Mi wna i'n siŵr y bydd popeth fel y base fo'n dymuno erbyn y daw o allan o'r 'sbyty."

Ddaru mi 'rioed feddwl y medrwn i syrthio ar 'y mai fel yne, a ddaru mi 'rioed feddwl y bydde fo'n ymddiheuro, ac os cymodd o ddamwain i gael pethe'n strêt rhyngthon ni, bron iawn na faswn i'n deud 'y mod i'n falch o hynny hefyd. Ond ma' hynny'n gythgam o beth hyd yn oed i feddwl amdano fo . . . mi faswn i'n deud ei fod o mewn dipyn o boen erbyn i ni adel. O leia, ma' gen i newyddion da i Bethan heno – dipyn yn wahanol i'r hyn roeddwn i'n ofni y byddwn i'n gorfod ei ddeud . . . A ma' pethe wedi tawelu tu fewn imi hefyd. Dwi'n ddigon siŵr y meder 'rhen If a finne redeg y practis yn iawn. Mi fedra i ofyn i RW am gyfarwyddyd sut i neud pethe erbyn fory neu drennydd, siŵr gen i.

"Dwi am fynd i lawr i'r syrjeri rŵan, Mam. Mi a' i â ti adre gynta, a mi ro i ganiad iti cyn dod adre i swper."

Mae'r MG yn dal lle'r oedd o. Ifor yn dal yn y syrjeri, yn hel ei bethe at ei gilydd.

" Wel, sut aeth hi, fachgen? Y claf yn ymestyn y gangen heddwch? A thithe'n haelfrydig ac yn estyn un yn ôl?"

" Dwn i ddim sut wyt ti'n medru synhwyro pethe, If, ond mi rwyt ti'n ddigon reit. Dwi'n siŵr fod gen ti ryw bwere ecstrasensori. Ond dyne'n union sy wedi digwydd. Mae RW wedi cyfadde 'i fod o ar fai, dw inne wedi cyfadde 'y mod inne ar fai, a mae o wedi deud ei fod o am 'y ngneud i'n bartner cyn gynted ag y meder o drefnu hefo'r twrne."

" Nid ecstrasensori ydi hynne, wâ, ond defnyddio'r tipyn brêns sy gen i'n llenwi'r benglog yma i'r ymylon. Meddwl di, mae'r hen foi yn ei wendid yn ei wely claf yn meddwl am y Roc. Mae o'n gwbod mai dim ond y ti sydd yn dallt pethe'r practis, felly mae o'n towlu abwyd i ti, tithe'n llyncu hwnnw, hwc, lein and sincar. *Quod erat demonstrandum,* fel oedd Jimmy Pratt yn deud yn Geometry ers talwm. A rŵan rwyt tithe 'yng nghrafanc ddur' yr ansymudadwy, digyfnewid a hollafaelgar Roc. A dyne'r bregeth yne drosodd. Ewch chi â'r plât casglu yr ochor yma, James Parry, a mi ganwn ni'r emyn . . ."

" Ara deg, If, doedd hi ddim fel'ne chwaith. Mae disgrifiad gwaed oer fel'ne'n gneud iddo fo swnio'n rhywbeth dan din, a beth bynnag arall ydi o – mae o'n styfnig, mae o'n mynnu ei ffordd ei hun, mae o'n lot o bethe – dydi o ddim yn dan din. O, nac ydi; mae o bob amser yn strêt."

" Ahâ, Bij, dwi 'di cyffwrdd rhyw hen nerf fach yn y fan'ne, on'do? Mae gen ti glamp o feddwl ohono fo, 'ndoes? Paid ti â chymyd dim sylw ohona i; tynnu dy goes di oeddwn i, beth bynnag. 'Rargen fawr, roeddwn i'n meddwl dy fod ti'n 'y nabod i'n well na hynne. Ond roeddwn i'n meddwl fod yne fwy o sŵn parch ato fo yn yr "RW" yne, achos "Rhen Wat" fuodd o, yntê?'

" Oce, If, un i ti eto yn fan'ne. Ond gwranda, mae gen i rywbeth pwysig i ddeud wrthot ti . . ."

“ Dim ond dau beth sy’n bwysig i ti, Bij bach; y Roc ydi un a Bethan ydi’r llall. Paid â deud dim. Rwyt ti wedi dyweddïo! Dyne ti, dwi’n dy ddarllen di fel llyfr – a hefo’r lanwaith, berffaith Bethan. Be ddeudodd y bardd Dewi Havhesp am yr eneth â gwallt gole? ‘Fe holltwyd aur yn wallt i hon.’ Neu ‘A hollti aur yn wallt i hon’ ? Mi fase hynny’n well cynghanedd. Mi faswn yn mynd i’r bedd yn hapus taswn i’n medru sgwennu llinell fel’ne; baswn, myn diaw. Wysti, Bij, dwi’n meddwl mai bardd mewn rhwystredigeth weli di o dy flaen; rhyw ddamwain a hap oedd imi fod yn ffariar.”

“ Dwn i ddim sut ddiawch rwyt ti’n ei neud o, ond mi rwyt ti un cam ar y blaen i mi bob tro, If! Rwyt ti’n iawn, mae Bethan a finne am briodi; dwn i ddim pryd, ond yn weddol sydyn. Ond dywed i mi pam nad oes gan fardd-lanc golygus, ha-ha, fel ti, hefo’r ecstrasensori yma, hefo’r eirfa farddonol, hefo’r blarni tragwyddol, a’r gallu diamheuol i ddenu merched, pam nad oes gen ti ddynes barhaol? Os medres i – ac wyt ti’n gwbod nad oeddwn i mo’r cyflyma i glosio at ferch – os medres i ddisgyn ar ’y nhraed hefo Bethan, be sy wedi digwydd i ti, ’te?”

“ O ddifri, Bij, ia, on ddy lefel rŵan, dwi’n meddwl ’y mod i wedi cael pethe’n rhy rwydd erioed. Dwi wrth ’y modd yng nghwmni merched, a dwi’n meddwl, heb frolio, fod merched yn fforddus hefo fi, a dwi wedi cael ambell i gariad erioed, ond dim ond unweth y gwnes i gwarfod un a syrthio dros ’y mhen a ’nghlustie amdani. Gan ei bod hi’n dymor cyfadde arnat ti, waeth i minne neud hefyd. Dydw i ’rioed wedi deud wrth neb o’r blaen. Wyt ti’n cofio fel roedden ni’n mynd i Upper Parliament Street, i Young Wales pan oedden ni yn y coleg? Wel, mi roeddwn i’n gneud locum yn Birkenhead, a’r nos Sadwrn yn rhydd gen i, a mi feddylies am fynd yn ôl i’r hen borfeydd jest i gael golwg ar pa bynnag dalent oedd ar ddangos. Ac os gweles i dduwies erioed, mi weles un y noson honno – y ddela, yr hardda a weles i yn fy mywyd. A wysti be? Roeddwn i’n teimlo’r cynhesrwydd rhyngthon ni’n syth. Ond wysti be arall? Roeddwn i fel hogyn pymtheg oed ar ei ddêt cynta. Fedrwn i ddim meddwl am ddim byd i ddeud; *y fi,* oedd fel y Pibydd Brith hefo merched, yr hen dafodrydd ei hun, roeddwn i’n fud. Os mai dyne ydi cariad, roeddwn i mewn cariad. ’Des i ddim â hi adre, a weles i moni byth wedyn. Y cwbwl wn i ydi mai Elaine oedd ei henw hi, ei bod hi wedi digwydd dod i Young Wales hefo'i ffrind oedd yn y coleg, a'i bod hi'n dod o Groesoswallt. A rŵan dwi fel rhyw Flying Dutchman yn crwydro'r byd, ei led a'i hyd, yn gobeithio cael cip arni. Hei, Bij, roeddwn i'n disgwyl y byddet ti'n beichio wylo erbyn hyn, ar dy ail hances boced o leia, wrth wrando profiad torcalonnus dy hen fêt . . ." Roedd If wedi mynd yn reit swil yn sydyn. " Reit, rŵan mi fase'n well iti ddangos imi'r hyn sydd i wbod am y Roctopws arbennig yma. Rhywbeth yn debyg ydyn nhw i gyd, hyd y gwela i – yr hen wyth yn gafel yn dynn ac yn rheoli bywyd y rhai sy'n moesymgrymu o'i blaen."

Mae'r ffôn yne'n ofnadwy o dawel. Siŵr gen i fod y bush telegraff wrthi'n gweithio ffwl pelt; pawb erbyn hyn yn gwbod fod RW wedi torri ei goes, a ddim isio'n poeni ni hefo manion. Mae heddiw wedi bod yn ddiwrnod a hanner, i feddwl sut roeddwn i'n teimlo y bore 'ma, a be sy wedi digwydd wedyn. Pob peth a'i wyneb i waered. Roeddwn i am adel y bore 'ma, a rŵan mi fydda i'n bartner o fewn dim. Iesgob, roeddwn i'n chwerw. Do'n i ddim wedi sylweddoli pa mor chwerw, chwaith, nes i RW ddeud mai arno fo roedd y bai, ac wedyn mi es i mor ofnadwy o emosiynol. A doeddwn i ddim wedi dallt 'y mod i'n un emosiynol. Rhyfedd. Sut trefnodd Sali hefo'r ffôn, sgwn i? Mae'n rhaid ei bod hi wedi gofyn i If aros yn y syrjeri tan y c'rydde hi adre, a'i roi o trwodd iddi hi os bydde raid. Ysgwn i fydd Doris yn fodlon cymyd y ffôn pan fydd If ar ddyletswydd? Na, mi fase'n well iddo fod trwodd yn Argoed nes y byddwn ni wedi dod i ryw fath o drefn. Mae hynny'n mynd i fod yn drwm ar Mam hefyd; 'wrach y medra i gael Sali i'w gymryd o weithie. Dwi ddim wedi deud wrth y Ministri, chwaith; mi wna i hynny yn y bore. Bore dy' Mawrth – mae isio gneud rhestr o be sy isio ar Willington. Mi fydd isio mwy o anti-tet a phenisilin yn unpeth, a sgwn i sut ma'i ar If am ffedog a welingtons a phethe? Lot o waith meddwl. Ond dydi pethe ddim yn chwyrlïo rŵan, diolch fyth.

Ffôn. "Meredith a Watkin. Jim Parry'n siarad. Be? O, yndi, mae o yn Wrecsam. Ydi, mae o'n eitha, diolch. Ia, dipyn o hen dro, a mi fydd am wythnose cyn cael gweithio. Oes, ma' gynnon ni Ifor Lewis. Roedd o yn yr ysgol hefo fi, ac yn y coleg hefyd. 'Wrach y byddwch chi'n cofio'i deulu o. Mi aethon o fan hyn i Gaernarfon i fyw, a mae ganddo fo gnither yn Church Street, Doris. Ia, dyne chi. Be fedra i neud ichi? Mi ro i botel yn yr hatsh ichi, a mi gewch ddod i'w nhôl hi pryd y mynnwch chi. Ffoniwch os na fydd hi'n dod yn ei blaen. Iawn, mi wna i, yn siŵr. Diolch ichi."

"Mam? Jim yma. Dwi ar 'n ffordd adre. Ma' hi'n dawel iawn a deud y gwir."

Mi fydd gen i stori fawr i ddeud wrth Bethan heno. Rhyfedd ei bod hi mewn dagre dy' Sadwrn am ei bod hi'n meddwl 'y mod i'n mynd, a finne mewn dagre y pnawn yma am 'y mod i'n aros! Ma' gynnon ni amser i feddwl am drefnu diwrnod rŵan . . . mae hi'n rhy agos i'r Dolig i briodi 'leni, debyg, ond fedrwn ni ddim mynd ymhell i'r flwyddyn newydd, chwaith. Fedra i ddim mynd i ffwrdd amser tynnu ŵyn, a wedyn mi eith yn fis Mai. A mae'n rhaid inni fynd i brynu modrwy cyn hynny – dwy fodrwy! Ond rhyngthon ni'n dau, mi ddown ni i ben â rhyw drefniade fel'ne. Dwi'n edrych ymlaen am gael mynd hefo hi; mae'n siŵr fod siopa am fodrwy yn wahanol i unrhyw siopa arall.

Pennod 6

Mam wedi ffonio'r War Memorial yn Wrecsam. RW ddim wedi cysgu'n rhy dda, ond yn teimlo'n esmwythach y bore 'ma. Mi awn i lawr i'w weld o'r pnawn yma, os bydd y gwaith yn caniatáu, ne' heno.

Teimlo fel gweithio heddiw, ar ôl dyddie o ryw hen gymyle duon. Mae'n anodd gen i feddwl 'y mod i mor ddiniwed o hapus – dim ond pnawn dy' Mercher dwytha – a dydi hi ddim yn wythnos tan fory! Dwi'n dal i deimlo'n euog am ddamwain RW, ond ddim i'r un gradde. Ond fedra i ddim deud "Rhen Wat" rŵan. Euogrwydd eto, debyg. Hen arferiad gwirion oedd o, beth bynnag, ond y fo gychwynnodd hynny hefyd, mewn ffordd. Rhoi "RW" ar y llyfr gwaith yn ymyl y lle yr oedd o'n mynd iddo fo, a finne wedyn yn rhoi "JP" ar y galwade roeddwn i'n eu gneud. Ond Sali a fi ddaru ddechre deud "RW" pan oedd o i mewn, a "Rhen Wat" pan oedd o allan. Roedd o'n rhyw fath o god pan oeddwn i'n ffonio Sali i wbod sut oedd y gwaith. Os dywede hi "RW", roedd isio bod yn barchus, ond os dywede hi "Rhen Wat", roeddwn i'n medru deud pethe mawr, a thynnu'i choes hi. Mr Watkin ne' Mr Richard Watkin fydde fo wedyn os bydde isio siarad amdano fo hefo pobol erill.

Fydd yne'r un "RW" ar y llyfr am dipyn, beth bynnag, ar ôl ddoe – dim ond "JP" ac "IL". Mae'n rhaid imi gael y telere ganddo fo hefyd, a mynd â nhw i RW iddo fo gael gwbod. Lwcus fod If yn medru dod yn syth; mi fydd hi dipyn haws hefo dau o gwmpas . . . Mi fase'n eitha peth iddo fo gael golwg ar heffrod Vaughan; mae dau ben yn well nag un, petaen nhw ddim ond yn ddau ben dafad, medde'r gair, ac 'wrach y bydd o wedi gweld rhywbeth tebyg yn rhywle o'r blaen.

" Helo, Sali. Sut ydech chi heddiw ar ôl helyntion ddoe?"

" Dwi'n iawn, Jim, diolch. Fedrwn i yn fy myw roi fy hun i gysgu neithiwr, dim ond troi a throsi am orie, ond dwi'n iawn erbyn y bore 'ma. Sut mae RW? Ydech chi wedi clywed?"

"Mi ddaru Mam ffonio'r War Memorial y peth cynta, a mae o cystal ag y gellir ei ddisgwyl. Doedd *o* ddim wedi cael noson dda iawn, chwaith, medden nhw, ond roedd hynny'n bownd o ddigwydd; mae o wedi cael andros o hen sgeg. Wel, mae pethe'n o wahanol heddiw, yn dyden nhw? Mae yne un peth ar 'y meddwl i ers bore ddoe. Lle mae'r llythyr yne sgwennes i? Does gen i ddim isio i hwnnw fod o gwmpas y lle 'ma."

" Mi rois i o yn y drôr yma, yn fa'ma, cyn gynted ag yr aethoch chi allan o'r drws 'ne bore ddoe. Doeddwn i ddim yn meddwl 'ch bod chi o ddifri isio i RW ei gael o. A mi rois o o'r golwg, rhag ofn."

" Fel roeddwn i'n teimlo bore ddoe, roeddwn i'n gadarn isio iddo fo'i gael o, ond mae pethe wedi newid y tu hwnt i bob dirnadeth mewn peder awr ar hugien. Dewch â fo i mi, imi gael ei rigo fo'n ddarne. Mae gen i gywilydd wrth feddwl amdano fo."

Ew, mae yne rywbeth yn gall yn Sali. Dwi ddim yn meddwl ei bod hi wedi bod yn rhyw ddisglair yn yr ysgol, ond mae hi'n fwy na llenwi ei swydd yn y syrjeri 'ma. 'Wrach na fydde hi ddim wedi cymyd cwrs gradd – dwn i ddim, chwaith, 'wrach y bydde hi hefyd. Ond dydi gradd ddim yn bopeth, a dwi'n meddwl y bydde hi'n fwy anodd rhedeg y practis hebddi hi nag ydi hi'n mynd i fod heb RW. Mae pob peth ar flaene'i bysedd hi, a ma' hi mor bwyllog a mor dawel nes 'ch bod chi'n anghofio'i bod hi yma, bron. Petawn i wedi meddwl, mi allwn ddibynnu arni i guddio'r llythyr; mae lles y practis cyn bwysiced ganddi hi ag ydi o gan RW, a chan Mam, a finne hefyd, erbyn hyn . . . Mae'r Roc, chadel If, yn hawlio'n gwasaneth ni i gyd, a does yne ddim lle i fod yn hunanol yn y gwasaneth hwnnw. Po fwya dwi'n meddwl am y syniad o'r Roc yma, dwi bron â'i weld o fel rhywbeth mawr gwyn heb ddim ffurf – yn ddisymud, ar wahân i'r wyth braich sy'n 'n gyrru ni ar y meri-go-rownd dyddiol, tymhorol, blynyddol, o'i gwmpas o . . . James, rwyt ti'n dechre mynd i fyd ffilosoffi! A dydi o ddim yn dy siwtio di! Ddim o gwbwl! Traed ar y ddaear pia hi.

" Be sy gen i isio'i neud bore 'ma, Sali? Dwi'n gwbod ei bod hi'n fore dy' Mawrth, a bod isio gneud archeb Willingtons. Mae isio ffonio'r Ministri, dyne ddau beth. Be sy'n digwydd hefo insiwrans y car, a hefo stampie insiwrans RW, a hefo'i insiwrans iechyd preifat o ei hun? Ac ar draws bob peth, pryd ydech chi'n dod i mewn yn y bore? Choelia i byth nad ydech chi yma cyn wyth rai boreue?"

"Ydw, dwi'n amal iawn yma cyn wyth, Jim, wedyn dwi'n cael edrych drwy'r llythyre, cael tacluso ar ôl ddoe, a threfnu beth bynnag sy o 'mlaen i. Ond heddiw, dwi wedi gneud rhestr Willingtons, ond 'wrach fod yne rai pethe erill hefyd, a mae'n siŵr fod gynnoch chi rai pethe eto. Mi rois i wbod i'r Ministri ddoe, a mae'r DVO yn deud y bydd o'n dallt os byddwn ni dipyn ar ei hôl hi. Hefo'r insiwrans, mae popeth yn ei ffeil o, yn y fan yne. Mi fydd isio rhoi gwbod i'r Royal hefo'r car, a mi fydd isio llenwi'r clêm fform, a mi fyddan nhw isio gwbod oes 'ne bosib trwsio'r car. Dwi ddim yn gwbod hefo'r insiwrans iechyd; 'wrach y bydd isio tystysgrif gan y 'sbyty, ne' gan Doctor Evans."

Dyne fo, popeth ar flaene'i bysedd hi! Gwych.

"Iawn. Ddwedsoch chi wrth If pa bryd i ddod i mewn y bore 'ma?"

"Do, tua chwarter i naw. O'n i'n meddwl y bydde 'ne ryw bethe isio'u trafod, a dydi hi ddim yn amser prysur iawn, felly roeddwn i'n meddwl fod hynny'n ddigon buan. Ac roeddwn i'n meddwl y galle fo gymyd syrjeri cŵn a chathod."

"Ocê. Be sy gynnon ni wedi'i drefnu yr wythnos yma? Mi allwn ni ohirio'r testio, a'r dihornio. Dwi'n meddwl y bydde'n well i mi gymyd gwaith nos am dipyn yn y dechre 'ma, er mwyn i If gael amser i ffeindio'i draed, a ffeindio'i ffordd, o ran hynny. Dwi ddim yn gwbod fydd Doris yn fodlon cymyd y ffôn. Fase'n well i Mam neud hynny am dipyn, dwi'n meddwl, ond fasech chi'n fodlon 'i gymyd o weithie, Sali? Mi fydde hynny'n 'sgafnu peth ar Mam."

"Mi wna i â phleser, Jim. Mi fase'n ddigon hawdd i mi neud bob yn ail hefo'ch mam. Does gen i ddim byd ond y côr ar nos Fercher, a dydi hi ddim yn hollbwysig i fynd i hwnnw. Dwi reit fodlon i gymyd y ffôn i Ifor pan fydd o'n dechre cymyd gwaith nos."

"Dechre cymyd gwaith nos? Hold on, hogie, amser 'ny mae deryn y nos fel fi yn cael ei taim and a hâff! Dwi'n bwriadu gneud gwaith nos o'r dechre ulw. Gwdihŵ oeddwn i mewn rhyw ymgnawdoliad o'r blaen, mae'n rhaid – medru ffeindio'n ffordd i bob man. A mae'n rhaid fod yne gath yn fy risent past hefyd, achos dwi'n gweld yn werth chweil yn y nos – 'wrach mai pwsihŵ oeddwn i! Neu hyd yn oed pwsihŵ Doctor Who! Ddy maind bogls. Sut ydech chi'ch dau? Mae'r sŵn mawr wedi cyrredd!"

Roedd hi fel tase 'ne gorwynt wedi dod i mewn drwy'r drws.

"Doedd dim rhaid iti ddeud, If; roedd hi'n dawel braf yma cynt."

" Sut mae'r hen law bore 'ma? Wyt ti wedi clywed rhywbeth?"

" Ydw, mae o'n o lew. Faswn i ddim yn deud y bydd yne hwylie mawr arno fo am dipyn, ond mae o fel y base rhywun yn meddwl ar ôl damwain go fawr."

" Reit, lle dwi'n dechre? Dwi ar dân isio ennill cyflog teilwng o athrylith o locum!"

" Os gnei di edrych ar ôl y cŵn a'r cathod rŵan, If, mi ga inne gyfle i gael trefn ar bethe hefo Sali, wedyn mi awn ni ati i drefnu'r gwaith allan."

" Agorwch y pyrth led y pen, mae Ifor Lewis, locum siwprîm yn barod ac yn eiddgar!"

" Bues i'n meddwl yn y nos, beth am y bilie, Sali? Ma'r rheini i fynd allan ddechre'r mis."

" Mae'r rhan fwya wedi eu prisio a'u teipio, Jim, ond mae yne ryw ychydig diwedd yr wythnos dwytha heb gael eu prisio. A mae yne rai sydd isio'u hadolygu."

"Does gen i ddim syniad am brisio . . ."

" O, mae'r rhan fwya ohonyn nhw'n ddigon hawdd; mi fedra i neud y rhan fwya fy hun. Ond mae yne un yn mynd i fod yn anodd – McKinney, Tŷ Du. Mae arno fo ers mis Mawrth dwytha, a rŵan mae'r busnes talu am yr heffer . . ."

" Na, mae hynny'n olreit, Sali. Mae RW wedi rhoi ei air, ac wedyn mae'n rhaid inni gadw at hynny, dydi o ddim bwys be 'di 'nheimlade i. Rhowch ar ei fil o sbesial fisit am ddy' Mercher, a graddfa B am dynnu'r llo, achos ches i ddim llawer o drafferth hefo fo. Gnewch y cyfanswm, yn cynnwys be sy arno fo am y misoedd cynt, a thynnwch hwnnw allan o'r £120, a gyrru'r bil a siec am faint bynnag ydi'r gweddill, iddo fo. O, fedrwn ni ddim gneud hynny heb gael RW i arwyddo'r siec. Gadewch hwnnw am dipyn bach, felly, nes y bydd o wedi cael cyfle i gryfhau – wneith wythnos ddim gwahanieth i McKinney – mi wneith les i'r mul aros, a deud y gwir."

Dydi busnes y McKinney yne'n plesio dim arna i, chwaith – dim yw dim, ond be sy raid, sy raid.

"Dydi hi ddim yn mynd i fod yn hwylus iawn i fynd â'r llyfr siecie draw i Wrecsam o hyd. Does gynnoch chi ddim hawl i arwyddo, yn nag oes, Sali? Na, doeddwn i ddim yn meddwl y bydde. 'Wrach y bydde RW yn fodlon arwyddo rhyw bump ne' chwech o siecie ar y tro, ac i ninne eu llenwi nhw fel y bydd isio. Ne' 'wrach y bydde'n well imi siarad hefo nhw yn y banc. Dyne gwestiwn arall i'w ofyn iddo fo. Mi fydd mynd draw i Wrecsam fel rhyw sesiwn busnes fel hyn, ac nid ymweliad â dyn claf."

Mae'r ffôn yn canu'n gyson, a dw inne'n cadw clust ar agor i be ydi'r sgwrs. Pawb isio gwbod sut mae RW – yr hen bush telegraff! Nifer o alwade, ond dim byd yn gofyn brys; y pethe cyffredin – buwch gloff, tynnu brych, sgôth wen, masteitis – bara menyn practis gwlad. Be 'di hynne? Ast ddefed wedi arafu yn ei rhedeg?

" Deudwch wrtho fo i ddod â hi i lawr yn syth, Sali. Mi fyddwn yma am yr hanner awr nesa."

" If? Wyt ti wedi gorffen hefo rheine? Ma' 'ne ast ddefed yn dod i lawr, wedi arafu yn ei rhedeg. Dwi 'di gweld dwy ne' dair yn ddiweddar. Tybed ydi hon yr un peth?

" Dowch â hi i mewn, Maldwyn."

" Hen dro am Mr Watkin, yntê?"

" Ia, hen dro Methodus, ond mi ddaw gyda gofal a bwyd llwy, fel ma'n nhw'n deud. Rŵan, be 'di hanes yr ast 'ma? Be ma' hi'n gael yn fwyd gynnoch chi?"

" Llond rhyw hen sosban o fflêc mes bob bore, a ma' hi'n ei glirio fo bob tamed. Fase gen i ddim ofn ei fyta fo'n hun!"

" Ond braidd yn dene dwi'n ei gweld hi, Maldwyn. Does yne ddim llawer o gig arni, yn nag oes? 'Dech chi'n ei gweithio hi'n o galed, 'wrach."

" Na, ddim felly, ond mae hi wedi mynd yn ddiweddar 'ma fel na feder hi ddim rhedeg o gwbwl, bron. Ma' hi'n cychwyn yn iawn, ond ar ôl rhyw hanner canllath go lew mae hi'n arafu'n ofnadwy. Os ceith hi ryw bum munud, diawch ma' hi'n iawn unweth eto. Dwn i ddim be sy arni; ma' hi wedi bod yn iawn tan rŵan, ac ast ifanc ydi hi."

" Wyt ti wedi gweld cesys fel hyn, If?"

" Mi weles rywbeth tebyg mewn milgwn yn Lerpwl. Ar ganol ras mi welet ti gi yn arafu yn sydyn, ac yn cerdded i mewn. Pan edrychet ti arnyn nhw, roedd y cyhyre yn y coese'n galed, ond mewn rhyw chydig funude roedden nhw'n iawn. Cramp oedden ni'n ei alw fo, a deud wrthyn nhw am newid y bwyd, rhoi mwy o amrywieth ynddo – gwella welis i nhw."

" Dyne dwi'n feddwl hefyd, y bwyd. Dwi'n meddwl fod y broses o neud fflêc mes, yr holl wres, yn lladd y fitamine, a bod yr ast fach yma'n diodde diffyg Fitamin B. Dwi 'di bod yn rhoi Parenterovite yn y gwaed, a ma'n nhw'n gwella. Ac felly, Maldwyn, os ydech chi am ddal i roi'r fflêc mes mi fydd yn rhaid ichi roi rhyw owns ne' ddwy yr wythnos o iau iddi. Iau oen, iau mochyn, iau bîff – dydi o ddim bwys p'run. Ynte'i roi o iddi'n amrwd, ne' 'wrach jest ei ddangos o i'r badell ffrio am ryw funud ne' ddau. Am rŵan, mi ro i'r injecshon iddi, a mi gewch chi weld y gwahanieth. Ond isio mwy o amrywieth sydd, fel roedd Ifor yn deud – tipyn o gig, tipyn o bethe gwyrdd hefyd."

Wedi i Maldwyn fynd, meddwn i, "Mae'n anodd gen i ddallt sut mae rhai ffarmwrs yn disgwyl i'r ci weithio – ia, a gweithio'n galed weithie – ac yn talu fawr ddim sylw i be mae'n gael i fyta. Maen nhw'n ffidio'u gwartheg, ac yn ffidio'u defed, ond ddim yn meddwl am y cŵn."

" Wyt ti wedi meddwl am hyn, Bij? Doedd hyn ddim i'w weld pan oedd yne wningod o gwmpas. Rhywbeth sy wedi dod i'n sylw ni ar ôl y myxo ydi hyn. Dwi'n meddwl fod cŵn ffermydd amser 'ny yn dal ambell i wningen, ac yn cael digon o fitamine allan o berfedd a iau'r rheini. Ond ma' hi'n wahanol arnyn nhw rŵan. Dyne ti ddadansoddiad cyhyrog, sylweddol, gwyddonol, a digonol o'r mater dan sylw. Gadewch inni yr awrhon gyfeirio ein meddyliau," ac yn dechre canu, " 'a yw fy enw i lawr, ar y dyddiol lyfr mawr,' fel petai, ar gyfer rhyw waith arbennig?"

" O'r lob gwirion, fedri di ddim bod yn gall am fwy na rhyw ddau funud ar y tro, yn na fedri?"

Mae Sali'n gwenu fel giât ar Ifor a'i antics.

" Reit, dos di i fyny ar ffordd Pentre Meini – rwyt ti'n nabod honno'n o lew – a gwna di'r pedair fisit yne, a thyd yn ôl heibio Vaughan, y Fawnog, a chymer olwg ar yr heffrod od sy'n y fan honno. Dwi 'di deud wrthot ti am be dwi'n feddwl sydd yn genglo ar y criw i gyd; mi gei di weld, a rhoi dy farn. Mae'r map gen ti; dyma'r ffermydd. Wela i di pan wela i di."

Mae o'n canu eto, " Mi gawn gwrdd, mi gawn gwrdd, yn y man, yn y man . . ."

Mae Sali'n amlwg yn dotio ar If, rêl comic os buodd 'ne un erioed, a fel'ne mae o wedi bod hefo merched erioed, am wn i. Ond 'wrach fod Sali'n meddwl nad oedd 'ne ddim llawer o chwerthin yn y syrjeri 'ma cyn heddiw; un dipyn yn solet ydi RW, mae'n debyg. Doeddwn i ddim wedi meddwl am hynny o'r blaen; 'wrach y dylwn i drio 'sgafnu dipyn. Na, mae'n debyg ei fod o naill ai ynoch chi ne' dydi o ddim.

" Be 'dech chi'n feddwl o'r creadur Jim yne, Sali?"

" Wel, mae o'n donic, yn tydi? Diolch fyth ei fod o yma, ne' mi allen ni i gyd fod yn ddigon fflat, ac RW wedi cael cymint o loes."

" Ia, 'dech chi'n o agos i'ch lle yn y fan'ne. Roedd o'n fêt da i mi yn y coleg, a chredech chi ddim, ond o dan yr holl wamalu yne, mae o'n un ofnadwy o deimladwy. Ac mae o'n beniog, mae o'n andros o beniog; dwi ddim yn meddwl y baswn i wedi pasio ffisioloji oni bai amdano fo. Roedd o'n gweithio'n galed, ac yn gneud i mi neud yr un fath, ond ar ôl rhyw sbel go lew ar y llyfre, mi fase'n deud, 'Tyd inni weld sut mae'r sgertie 'ne, mae'n bryd i ni gael gwd laff', ac i ffwrdd â ni i lawr i'r Undeb. A mi fydde 'ne sgertie, a gwd laff hefyd – ond peidiwch â deud wrth Mam; dwi'n meddwl ei bod hi eisoes yn reit ddrwgdybus ohonon ni'n dau. Biti na fase fo'n mynd i bractis go iawn hefyd, a bod yn sefydlog, yn lle gneud yr holl locums 'ma, ond dyne fo, os ydi o isio'i draed yn rhydd . . ."

" Be oeddet ti'n feddwl am Vaughan y Fawnog, If?"

" 'Vaughan, a drig yn y Fawnog', dwi'n siŵr fod honne'n gynghanedd draws, ac os nad ydi hi mi ro i dagfa ysgafn i Iolo Morganwg! Dwn i ddim am Vaughan, ond roeddwn i'n licio'i sièd o! Ond bobol bach, roedd o'n rhoi'r ganmolieth uchaf, pob dyledus glod, in ffact, i ryw Parry, rhyw ffariar hollalluog, hollwybodus, iachäwr creaduried – dwi ddim yn credu y byddai byth yn ddigon da i lyfu esgidie'r amlddoniog James Parry 'ma. Pwy ydi o, dywed? A oes rhywun yn un man yn gyfarwydd ag e? Y paragon, mae'n ddigon i neud iti chwdu! Na, yn ôl fel roeddwn i'n dallt, roedd o'n meddwl fod yr heffrod yn well, os nad *wedi* gwella hyd yn oed. Fedrwn i weld fawr iawn o'i le arnyn nhw."

" 'Sgin ti ddim syniad mor falch ydw i o glywed; roeddwn i wedi poeni dipyn amdanyn nhw. Sut aeth gweddill y bore?"

" Fel breuddwyd. Dod o hyd i bobman, iacháu popeth, wrth gwrs, a chlywed iaith y nefoedd ar dafode arian y boblogeth. Iechyd, rwyt ti'n lwcus – meddwl amdana i'n gorfod defnyddio'n Saesneg prin a gwallus yn Leominster yr wythnos ar ôl nesa. A wyddost ti, mi ges i deimlad rhyfedd – arswydus, bron. Fel yr oedd y ffordd yn codi tua'r wlad uchel yne, fel yr oeddwn i'n codi dros y chwe chan troedfedd 'ma, mi ges i'r teimlad 'mod i'n torri drwy ryw len hud. Busnes y taim worp 'ma oedd o, dwi ddigon siŵr o hynny, doedd amser ddim yr un fath; bron na faset ti'n deud nad oedd o ddim yn bwysig. Neb yn brysio, neb yn sylwi ar y cloc, a dwi wedi yfed paned o de ymhob un lle, nes 'mod i bron â bostio. Sut wyt ti'n deud i mi ei bod hi'n bosib, iddi fod yn amser cinio ymhob ffarm? Mewn pedwar lle? Dyne ti ddangos nad ydi amser ddim yr un fath yno, mai rhywbeth cymharol ydi amser! O, Bij, paid ag edrych arna i fel llo, a dy geg ar agor fel yne. Dydi o ddim yn wir, wysti; tynnu dy goes di oeddwn i, wir yr!"

Roedd o'n wir, mi roeddwn i'n sefyll yno â 'ngheg ar agor, yn gwrando ar y dihiryn mwll yn eu palu nhw! A Sali'n mwynhau.

" O'r lob i ti. Fedri di siarad sens am funud, os nad ydi hynny'n trethu gormod arnat ti? Fedri di neud heno, er mwyn i mi gael mynd â Mam draw i Wrecsam? Biti erbyn hyn na fase hi wedi dysgu dreifio."

" Gad ti bobeth yn y dwylo cyfarwydd hyn, O! fy meistr, ac os wyt ti isio imi roi gwersi dreifio i dy fam, mi wna i hynny hefyd am ryw sylltyn ne' ddau ecstra."

Codi 'nwylo uwch 'y mhen, " Ai gif in, ai syrendar. Dwyt ti ddim ffit, If – ond iechyd, dwi'n falch dy fod di yma."

Pennod 7

" Mae'r wythnos yma wedi mynd fel y gwynt, Mam. Er, faswn i ddim yn deud ei bod hi wedi bod felly o brysur, ond bod y busnes trefnu yma'n cymyd amser. Ddaru mi 'rioed feddwl fod RW yn un cystal am drefnu – rŵan dwi'n dechre gweld sut mae'r practis yma'n rhedeg. A ma' Sali mor dda, yn gneud ei gwaith mor dawel, a ma' hi'n 'y nghadw i ar flaene 'nhraed hefyd. Ond iechydwrieth, dwi'n falch fod Ifor yma; mae o'n chwipio drwy beth bynnag sy ganddo fo i'w neud, a mae o'n cymyd ei le yn iawn. Faswn i'n deud ei fod o'n gneud ei le hefo'r cleients hefyd. Os bydd o'n dal ati fel hyn, 'wrach y bydda i'n ridyndant!"

" Ia, ond fedre fo ddim gneud y gwaith yr wyt ti'n ei neud. A tase fo yn y practis a tithe'n dod fel locum, mi faset tithe'n llenwi dy le hefyd. Be dwi'n weld ydi, mor dda 'dech chi'n gweithio hefo'ch gilydd. 'Dech chi fel llaw a maneg, wir! Yn enwedig a'i fod o'n fodlon gofalu am y lle tra wyt ti a finne'n mynd yn ôl a blaen i'r 'sbyty fel hyn."

" Be mae o'n ddeud ydi fod locum yn arfer gweithio ddydd a nos am y cyfnod. Dyne pam mae'r cyflog yn uchel, am ei fod yn waith mor flinedig, a dyne pam nad ydi o byth bron yn mynd yn syth o un practis i un arall heb gymyd wythnos rhyngthyn nhw. Mae o'n deud ei fod o'n gweld yr wythnos yma wedi bod yn rhwydd, am fod yne ddau ohonon ni'n gweithio . . . Yli, Mam, cer di yn dy flaen i'r ward; mi wna inne drio cael lle i barcio. Mae'n llawnach yma am ei bod hi'n bnawn Sadwrn, debyg."

Wrth gerdded i fyny'r ward, ac edrych ar RW o bell, mae o'n edrych dipyn yn well; llai o ôl straen ar ei wyneb o. A mae Mam a fynte'n parablu siarad.

" Mi rydech chi'n edrych yn well heddiw, Mr Watkin; dipyn gwell lliw arnoch chi."

" Teimlo'n well hefyd, James, diolch yn fawr. Ac yn edrych ymlaen i gael tynnu'r pwythe ddydd Mawrth neu ddydd Mercher nesa, ac wedyn mi fydda i adre, i edrych ar 'ch hole chi. Ond dwi'n mynd i gael chwech wythnos yn y plastar 'ma o leia. Mae pethe'n mynd ymlaen yn ddigon hwylus yn y syrjeri, medde'ch Mam, a'r locum yn gweithio'n dda."

" O, yden, dwi'n meddwl y byddwn ni'n medru edrych ar ôl y lle yn iawn nes y byddwch chi'n barod i ddod yn ôl, a does dim rhaid ichi frysio. 'Dwn i ddim am ba hyd y byddan nhw'n 'ych cadw chi yma, ond peidiwch â dod adre'n rhy fuan, a gorneud a blino."

" Ia, dwn i ddim am hynny. Ond cyn gynted ag y bydda i adre, mi awn ni ati i drefnu partnerieth; dwi wedi bod yn esgeulus iawn hefo hynny."

" Digon o amser i feddwl am hynny eto, Mr Watkin, ond dwi wedi dod â'r llyfr siec eto; ma' 'ne bedwar ne' bump o filie i'w talu. A beth am gyflog Sali? Ma' gen i ofn nad ydw i'n dallt dim ar y PAYE yne."

" Mi wna i hynny pan fydda i 'nôl. Edrychwch ar y llyfr cyflog i weld faint oedd ei chyflog wythnos dwytha, a thalwch iddi o'r peti cash am yr wythnos yma. Mi ddylswn i fod wedi deud hynny wrthoch chi ddoe, ond dydi rhywun ddim yn meddwl yn glir iawn yn y gwely 'ma."

" Ydech chi'n siŵr nad ydech chi isio i mi roi gwbod i'ch dau gefnder, Richard? Mae o'n beth rhyfedd iawn 'ch bod chi wedi cael damwain a neb yn deud wrthyn nhw, a nhwthe'n berthnase agosa."

" Ia, well ichi neud, falle, er nad yden ni erioed wedi gneud llawer hefo'n gilydd – byw'n rhy bell, mae'n siŵr. Brawd 'y nhad aeth i Wolverhampton ar ôl y rhyfel cynta, a phriodi merch o Birmingham. Does gan Robert na Michael 'run gair o Gymraeg. 'Den ni wedi gneud dim ond gyrru cardie Nadolig ers blynyddoedd. Mae yne lyfr cyfeiriade yn y drôr ucha ar y chwith yn y ddesg – Robert a Michael Watkin."

" Oes yne rywbeth 'dech chi isio, rhywbeth y medrwn ni ddod ichi?"

" Na, mae gen i bob peth sydd isio rŵan, a fydda i ddim yma'n hir, gobeithio. A mi fedra i gael rhywun i ffonio os bydd raid."

" Mae Sali am ddod i'ch gweld chi pnawn fory, a mi ddown

ninne'r nos. Mae pawb yn gofyn amdanoch chi, ac yn gobeithio y byddwch chi'n well yn fuan. A dwi'n gweld fod yma lot o gardie wedi dod ichi – pawb yn gweld 'ch colli chi, 'dech chi'n dallt."

" Welwn i chi fory, 'te, Mr Watkin."

Wrth gerdded allan o'r ward, medde Mam, " James, wyddost ti'r ferch ddel yne ddaru ti sylwi arni dy' Llun? Mae'n rhaid fod ganddi hithe rywun yn sâl ar y ward, achos mi gweles hi eto heddiw. Welest ti hi?"

" Naddo, roedd yne giang o bobol yn dod allan fel roeddwn i'n dod i mewn; mi alle fod yno lawer gwaith drosodd heb i mi ei gweld hi."

Mi fydd RW adre ddiwedd wythnos nesa, mae'n debyg, a tase fo'n cael wythnos go lew i ddod ato'i hun, 'wrach y bydde'n medru edrych ar ôl y ffôn fin nos. Gan fod If wedi gaddo wythnos i bractis yn Leominster yr wythnos ar ôl nesa, mi fydda i'n ddigon prysur yma fy hun am yr wythnos honno, a mi fydde hynny'n help. Wedyn mae If yn glir am fis, a ma' hynny'n mynd â ni bron at ddiwedd y flwyddyn. Taswn i'n medru ei weddro hi tan ddiwedd Ionawr, gyda lwc mi fase RW yn medru gneud peth gwaith ysgafn erbyn y daw hi'n dymor wyna. Ma' pethe'n dechre goleuo rŵan.

" 'Den ni wedi bod yn o hir, rhwng y siopa a'r 'sbyty, dwi'n meddwl y ffonia i o'r ciosg 'ma, Mam, rhag ofn."

" Helo, Sali, 'den ni ar 'n ffordd adre . . . O, dario, does yne ddim llonydd i'w gael, yn nag oes? Gnewch yr instruments yn barod, a mi a' i â nhw i fyny hefo fi. Pa Tŷ Ucha ddeudsoch chi? Evans, Tŷ Ucha? Fyddwn ni ddim yn hir."

" Mae If yn meddwl y bydd yn rhaid gneud Caesarian yn Evans, Tŷ Ucha, Mam; andros o lo mawr, medde fo, a mae o'n disgwyl amdana i. Dwi'n mynd i'r syrjeri i nôl yr instruments. Wyt ti am ddod hefo fi at Marged Evans, ne' wyt ti am fynd adre?"

" Mi ga i weld be ma' Sali'n ddeud. Os ydi hi'n fodlon cymyd y ffôn, faswn i ddim yn meindio cael sgwrs hefo Marged."

Trwy'r drws i'r syrjeri, a Sali'n edrych yn bryderus iawn.

" Mae'r War Memorial wedi ffonio isio gair hefo chi, Jim. Ddaru nhw ddim deud be oedd, ond dyma'r rhif ichi."

Be rŵan? Roedd popeth yn iawn dri chwarter awr yn ôl.

" Yes. Next of kin? Me? We'll come as soon as possible, but it will be at least an hour and a quarter, hour and a half."

" Mam, mae RW wedi cael pwl drwg a mae o'n gwaelu, a mae isio i mi fynd yno gynted fyth ag y galla i, a ma' honne yn Tŷ Ucha'n disgwyl. Ma'n rhaid imi fynd i helpu If hefo honno – taswn i ddim ond yno hefo fo i gael y llo allan, mi fedre fo orffen y pwytho, a rhyw hanner awr fyddwn i, a mi gaen ni fynd yn ôl i Wrecsam yn syth. Ffoniwch Tŷ Ucha, Sali. Deudwch wrth Ifor i roi'r anaesthetig, a'i shafio hi, a mi fydda i yno gynted ag y medra i. Wnewch chi edrych ar ôl y ffôn, Sali? Mam, tyd hefo fi, a mi awn ni 'mlaen i'r 'sbyty wedyn."

Be sy wedi digwydd? Roedd o'n edrych yn dda heddiw, yn well na mae o wedi edrych o gwbwl . . . dydi o 'rioed wedi syrthio allan o'r gwely? Na, ddim posib. Niwmonia? Na, ddim mewn cyn lleied o amser. Ond pam maen nhw isio'r 'next of kin'? Mae o'n rhywbeth difrifol, mae'n rhaid. Thrombus? Dwi'n siŵr ei bod hi'n rhy fuan i hynny. 'Fat embolus'? Debycach, 'wrach; roedd o wedi torri'r goes yn ddrwg, ne' fydden nhw ddim wedi gorfod rhoi pin. O'r iechyd mawr . . . a sut mai fi yw'r 'next of kin'?

" Dwn i ddim be alle fod wedi digwydd i RW, Mam, ond mae'n rhaid fod yne rywbeth gweddol seriws, ne' fasen nhw ddim yn gofyn i mi fynd yn ôl. Clot, falle? Os bydd If wedi paratoi'r fuwch, a'r anaesthetig wedi cymyd yn iawn, fyddwn ni ddim yn hir. Pam ma' 'ne ryw gymhlethdode'n dod o hyd? Mi allen ni neud heb hyn heno; 'den ni wedi rhedeg yn ôl ac ymlaen i Wrecsam bob dydd yn barod, heb y siwrne yma eto."

Mam yn dawel iawn; ma' 'ne duedd ynddi i edrych ar yr ochor dywyll, a dw inne ddim gwell, o ran hynny.

" Pam oedden nhw'n 'yn ffonio i? Beth am y ddau yne yn Wolverhampton? Nhw ydi'r perthnase agosa. Nhw ydi'r *next of kin,* yntê?"

Dim ateb.

Ymhen hir a hwyr, medde Mam, "Weithie ma'n nhw'n rhoi enw ffrind, neu rywun sy'n gweithio hefo nhw, fel *next of kin.* A mi rwyt ti'n gweithio hefo fo drwy'r dydd, bob dydd, felly mi fydde hynny'n gneud sens."

" Base, debyg. Dyma ni. Cer di i'r tŷ at Marged; mi ro i 'mys ar y corn pan fydda i wedi gorffen. Ar ôl hynny fydd gen i ddim ond molchi a mynd."

" Helo, Mr Evans. Ydi, ma' hi dipyn bach yn wyllt arna i. Ydi Ifor wedi deud wrthoch chi am Mr Watkin? Na, dwi'n gwbod dim, ond 'n bod ni wedi cael 'n galw i mewn . . . Be 'di hanes hon, If?"

" Wedi cael tarw Charollais, a llo anferth, ond mae o'n fyw, a fuon ni'n trio fawr ddim. Dwi'n meddwl ei bod hi'n barod rŵan – dydi hi'n teimlo dim wrth imi bigo."

Ifor wedi shafio sgwâr, bymtheg modfedd wrth bymtheg modfedd o leia, ac wedi peintio hefo eiodîn ar ochor chwith y fuwch, ac wrthi rŵan yn rhoi llafn ar y sgalpel, a gyt yn y nodwydde, a nylon yn y nodwydd fawr, a'r pesari, a'r injecshon.

Dw inne'n licio paratoi pob peth cyn cychwyn ar y drinieth. Dwi'n mynd i fwynhau hyn; mae o'n gweithio rywbeth yn debyg i mi. Tase'r busnes RW yma ddim ar 'y meddwl i, mi alle hon fod wedi bod yn noson ddifyr.

" Gwranda, If, mi arhosa i helpu nes y byddi wedi cael pwytho'r llester, a wedyn mae Mam a fi am fynd."

" Reit, dal y fforseps 'te."

Agorodd drwy'r croen nes gweld y cyhyre.

"Fforseps ar honne a honne. Iawn."

Agorodd drwy'r cyhyre.

" Gad rheine, dy'n nhw ddim yn waedwrs o ddifri. Wyt ti am godi'r llester imi, Bij? Iawn. Mr Evans, byddwch chithe'n barod hefo'r rhaffe."

Roeddwn i erbyn hyn wedi cael gafel ar goes ôl y llo drwy wal y llester ac wedi ei godi o at yr agoriad yn y croen. Agorodd If drwy wal y llester o'r gar hyd at flaen troed y llo, a thynnodd honno allan.

"Rhaff."

Gosododd honno am goes y llo.

" Tynnwch ar honne – ddim yn rhy galed – tra bydda i'n codi'r droed arall. Reit, tynnwch ar honne hefyd. Allan â fo – iechyd mae 'ne bwyse yno fo. Rhwbiwch o hefo tusw o wellt, reit galed. Tynna'r llester allan o'r agoriad os medri di, Bij. Iawn."

Roedd o wedi rhoi'r pesari i mewn, ac yn dechre pwytho mewn dim amser.

" Ma'r llester wedi rhigo rhyw gymint wrth gael ei 'sgwydde fo allan, ond ddim yn rhy ddrwg. Gyda lwc mi fyddwn wedi gorffen ei bwytho fo cyn iddo fo ddechre crebachu o ddifri."

Chwaneg o bwytho. " Reit, dyne ni, stwffia fo'n ei ôl i rywle, Bij; does gen i ddim diddordeb yn hwnne eto."

Edrych ar ei watsh. "Ddim yn ddrwg hyd yma; pum munud ar hugien. Dos di rŵan a gad i mi orffen."

Mi fydde Proff John George yn y coleg wedi bod yn falch wrth ei weld yn gneud honne. Slic a chyflym, ond yn ofalus ar yr un pryd. Mae hyd yn oed ei bwythe fo'n wastad ac yn daclus. 'Rargen, mi fydde'n gaffaeliad mewn unrhyw bractis . . . A mi fydd ei isio fo yma rŵan, falle am dipyn mwy nag oeddwn i'n ei feddwl ar y dechre. Gobeithio nad ydi hyn ddim am osod RW yn ôl am hir, chwaith . . . Ond roedd yne rywbeth yn wahanol ynglŷn ag If heno, rhywbeth ar goll . . . Oedd, roedd o'n dawelach nag arfer; ia, dyne fo, doedd yne dim smalio brolio, na chanu, na dyfynnu na llurgunio barddonieth – roedd o o ddifri heno, isio hwyluso i mi fynd i lawr i'r 'sbyty.

Pawb a'i feddylie ei hun yn y car, dim llawer o siarad.

Cerdded i'r ward, y Sister yn ein cwarfod. "Dewch i mewn i'r offis, Mr Parry – a'ch mam, wrth gwrs. Eisteddwch. Mae arna i ofn fod gen i newyddion drwg ichi, newyddion drwg iawn. Mae'n ddrwg gen i ddeud fod Mr Watkin wedi'n gadel ni."

Roeddwn i'n teimlo'n hollol wag, a Mam yn dechre crio, a dagre'n llifo i lawr ei gwyneb hi, ond heb ddeud dim. Fedrwn inne ddeud 'run gair, yn cymyd gwynt ac yn trio, ond dim sŵn yn dod.

Wedi marw! A finne wedi gosod y Caesarian yn bwysicach na dod i lawr yma i'w weld o! Pa fath o greadur ydw i, fod gofynion y practis yn drech na phopeth arall! Wedi'n gadel ni? A fynte'n edrych yn dda y pnawn yma.

" Mi wnaeth y doctoried bob peth fedren nhw, ond mi aeth o dan eu dwylo nhw. *Fat embolus* oedd yr achos, medden nhw. Mae yne beryg bob amser pan mae yne drinieth i esgyrn hefo mêr, ond anamal iawn mae hyn yn digwydd."

" Pryd oedd hyn?" medres gael digon o wynt i ofyn.

" Ddim mwy na rhyw ugien munud ar ôl ichi ei adel o. Mi ffonies 'ch nymbar chi'n syth, ond erbyn 'ch bod chi'n ffonio'n ôl roedd o'n darfod. Doedd yne ddim pwrpas deud wrthoch chi i frysio erbyn hynny. Erbyn i mi fynd yn ôl ato fo, roedd o wedi darfod. Mae'n ddrwg iawn gen i, ond doedd yne ddim gobeth o'r cychwyn."

Rhoddes fraich rownd 'sgwydde Mam a gwasgu, a'i theimlo hi'n ebychu.

" Gawn ni ei weld o?" Roedd llais Mam yn dawel ac yn gry yr un pryd.

" Wrth gwrs y cewch chi, Mrs Parry. Dowch hefo fi."

Cydies yn llaw Mam a dilyn y Sister. Roedd o'n gorwedd a'i lygaid ar gau; mi allech feddwl mai cysgu oedd o, a dim golwg ei fod o wedi diodde ar ei wyneb o, dim ond yn gorffwys yn dawel.

" Richard druan! Richard druan!" Llais Mam yn torri, a'r dagre'n llifo eto.

Dwi fel taswn i'n sefyll tu allan i mi fy hun ac yn edrych ar y Sister a Mam a finne – y Sister yn dangos cydymdeimlad proffesiynol, wedi gneud yr un peth lawer gwaith o'r blaen; Mam mewn galar ac yn teimlo i'r byw, a finne'n sefyll yno ac yn dangos dim. Dim byd. Fel petawn i'n edrych ar lwmp o glai – dim teimlade o gwbwl. Y cwbwl sy'n rhedeg trwy'n meddwl i ydi, wel dyma bonsh. Pwy sy'n mynd i edrych ar ôl pethe rŵan? Ar bwy mae hyn yn disgyn?

" Dowch yn ôl i'r offis i ni gael siarad, a dwi'n siŵr y cymwch chi baned o de."

Dwi'n falch o un peth. Taswn i wedi dod yn syth, ar f'union, ar ôl cael gwbod, mi faswn yn rhy hwyr i'w weld o'n fyw, felly wnaeth aros i neud y Caesarian ddim gwahanieth . . . sgwn i ydi gweld dyn yn marw yr un fath â gweld buwch yn marw? Y beth bynnag ydi o yn y llygad – y fflach, y byw – yn diffodd, a'r llygad yn pylu yn sydyn. Tase fo wedi cael byw awr neu fwy yn hirach, a ninne'n cyrredd jest pan oedd o'n marw, mi fydde hynny'n deimlad ofnadwy – wedi colli'r cyfle 'wrach i siarad hefo fo . . . Mi gymres i ei fod o wedi gwaelu; ddaru mi ddim meddwl unweth ei fod o'n marw . . . Ond doeddwn i ddim yn gwbod, o ddifri, a mi roeddwn i'n meddwl fod y practis yn bwysicach. Sgwn i oedd If wedi synhwyro fod yr alwad mor bwysig? Weles i 'rioed mohono fo mor dawel . . . a mi chwipiodd drwy'r op . . . Ac eto mi ddylwn inne fod wedi meddwl. Roeddwn i wedi meddwl am 'fat embolus', ond ddim wedi meddwl am ganlyniad mor drychinebus. Mae'n siŵr fod Mam wedi cymyd fod pethe'n o ddrwg; ddeudodd hi fawr ddim yn y car. Be sy'n bod arna i 'mod i mor ddideimlad, ac mor ddall? Fedra i ddim meddwl ond mai hwnne sy'n gorwedd yn y fan yne ydi – ne' oedd – RW; ei fod o wedi marw . . . ond dwi'n teimlo dim.

" James! Ateba, wnei di!"

" Ateb be?"

" Mae'r Sister yn siarad hefo chi."

" O! mae'n ddrwg gen i; mae gen i ofn 'y mod i 'mhell i ffwrdd."

" Gofyn oeddwn i, Mr Parry, ydech chi am fynd â phethe Mr Watkin hefo chi, ynte am adel popeth i'r ymgymerwr?"

" Y fi? Pam y fi?"

" Wel, 'ych enw chi gawson ni gan Mr Watkin fel *next of kin*, a 'den ni'n cymyd felly fod y trefniade yn 'ych dwylo chi."

Pam fi? Beth am ei gefndryd o? Be ddoth drosto fo i roi'n enw i ar y ffurflen? Mae'n rhaid fod ganddo fo'i resyme . . . mae'n rhaid imi dderbyn felly . . . ia, mae'n siŵr mai yn Nhrefeglwys y bydde fo isio'i gladdu, a mae o'n fwy hwylus imi drefnu hynny nag iddyn nhw yn Wolverhampton . . .

" Dwi ddim yn glir iawn, ond dwi'n meddwl mai gadel pob peth i'r ymgymerwr wnawn ni. Be wyt ti'n ddeud, Mam? Pwy gawn ni?"

" John Price ddaru drefnu claddu Nain, a mae o'n dda iawn. Ia, gadewch bopeth yn ei ddwylo fo. Mae o'n hen gyfarwydd; mi fydd o'n gwbod be sy isio'i neud."

Ond mae yne fwy na threfniade claddu i'w gneud rŵan. Be sy'n mynd i ddigwydd? Pwy pia'r practis? Pwy sy'n mynd i redeg y practis? Dwi ddim. Yn ôl cyfreth gwlad, dwi ddim yn cael edrych ar ôl practis hyd yn oed, os nad ydi'r perchennog yn ffariar. Ond mae'n rhaid, mae'n rhaid fod modd dal ymlaen am gyfnod byr, nes bod pethe'n sefydlogi. Fedrwn ni ddim gadel y cleients dros nos, a deud y bore wedyn fod y practis wedi darfod, wedi cael ei ddileu, neu beth bynnag arall fedrwch chi ddeud. Fedrwn ni ddim gneud hynny; mae arnon ni rywbeth iddyn nhwthe. Maen nhw'n ffyddlon i ni; mi ddylen ninne fod yn ffyddlon iddyn nhw . . . a mae hi'n nos Sadwrn; does 'ne neb ar gael i'w holi nhw, chwaith . . . os na fedrwn ni gael gafel ar rywun o'r Royal College. Mae'n siŵr fod yne rywun yn rhywle . . . prif weithredwr, 'wrach . . .

RW oedd y prif weithredwr i mi, ac mae o'n gorwedd yn y fan'ne am 'y mod i wedi gwylltio, ac wedi ei gynhyrfu o . . . Dwi'n gwbod ei fod o wedi deud wrtha i ei hun mai arno fo roedd y bai, ond taswn i heb wylltio yn y dechre i gyd, 'wrach na fase fo ddim yn gorwedd yn fan'ne rŵan . . . wel, fase fo ddim.

Dyma ryw don o deimlad yn gafel yno' i. Dwi'n teimlo cryndod drwydda i. A gwacter.

" Tyd, Mam, mae'n well inni fynd adre. Fedrwn ni neud dim byd mwy yn y fan hyn. Diolch yn fawr, Sister; mae hi'n anodd i ni, a mae hi'n anodd i chi hefyd. Mi ffonia i i ddeud y trefniade. Lle bydd o rŵan, y *Chapel of* . . .?" Fedra i ddim gorffen; mae yne ddagre'n llond 'yn llygaid, a 'ngwddw i'n llawn hefyd.

Dwi ddim yn hollol ddideimlad felly – dwi'n falch. Ro'n i'n dechre meddwl 'mod i'n rhy galed i deimlo. Mae o wedi mynd. Fydd o ddim o gwmpas i 'ngalw i'n James ddim mwy, nac i fod yn styfnig . . . ond pwy ydw i i bwyntio bys at neb . . .? Doedd ei styfnigrwydd o ddim yn atgas, dim ond ei fod o'n teimlo mor siŵr o bethe . . . a dyne'r bartnerieth wedi mynd hefo fo. Roedd o'n edrych mor dawel . . . dipyn gwahanol i sut y bydde fo pan oedd pethe'n brysur – iesgob, mi fydde Sali a fi'n gorfod hel 'n traed. Dwi 'di bod o'i gwmpas o ar hyd 'n oes – o dan ei draed o, mae'n siŵr, pan oeddwn i'n fychan, a'r ddwy flynedd dwytha 'ma yn gweithio iddo fo . . . yn cydweithio hefo fo. A ma' hynny wedi dod i ben, fel'ne . . . a mae'r freuddwyd o bartnerieth wedi dod i ben hefyd. Be sy o 'mlaen i rŵan? Pam oedd o wedi f'enwi i yn 'next of kin'? Ma' hynne'n rhyfedd.

" Dwi'n dal i bendroni am y busnes *next of kin* yma, Mam. Yn enwedig gan fod ganddo fo gefndryd. Ond mae'n debyg nad oedd o ddim o gwmpas ei bethe'n iawn pan aeth o i mewn. Wyt ti'n cofio pan ges i dynnu pendics, pan oeddwn i yn y coleg yn Lerpwl? Mae'n debyg 'y mod i wedi rhoi tri gwahanol oed i dair gwahanol nyrs pan es i i mewn – rhywbeth tebyg, 'wrach."

" Mae'n siŵr, James."

" Ond gan mai fi sy, mi rown ni gladdu teilwng iddo fo . . . O, Mam!" Teimlo'r llygaid a'r gwddw yn llenwi eto. "Sut mae hi'n mynd i fod rŵan? Y fo oedd yn rhedeg popeth. Be 'den ni'n mynd i neud rŵan? Dwi ddim yn cofio'r syrjeri pan nad oedd o yne, ers pan oeddwn i'n fabi, bron. Ma' hi'n mynd i fod yn chwith ofnadwy, ac yn wag ofnadwy hebddo fo."

" Wel, dangos dipyn o asgwrn cefn, dwi'n gobeithio. Wrth

gwrs mi fydd yne chwithdod, bydd, a gwacter hefyd. Ond paid ti â dechre hanner nadu, a gofyn 'O! be wna i, O! be wna i', fel rhyw hogan ysgol, wir. Rwyt ti'n ddyn yn dy oed a dy amser; rwyt ti'n mynd i gario 'mlaen fel y bydde fo wedi gneud. Roeddet ti'n ddigon da ganddo fo iddo fo feddwl dy neud di'n bartner, wel, gwyneba dy gyfrifoldeb. Dyne wnaeth Richard pan fu farw'r hen Meredith – gwna dithe'r un fath."

'Sgin ti ddim hawl troi min ata i fel yne, chwaith, er dy fod ti'n fam imi . . . ond dyne fo, rwyt ti'n iawn eto; roeddwn i yn dechre teimlo'n ddigalon, yn druenus. Ond hogan ysgol? Doedd hynne ddim yn deg . . . o gwbwl, chwaith . . . Olreit, gwynebu pethe fydd raid i mi, a mi ga i fwy o help felly na fel arall, yn siŵr.

" Olreit, olreit, dwi yn bwriadu 'sgwyddo'r baich, ond dydi hynny ddim yn deud na fydda i ar goll, ac yn teimlo'n unig, ac isio troi at rywun am help – a fydd y rhywun hwnnw ddim yno. Dyne dwi'n trio'i ddeud." Yn reit blin. "Wrth gwrs 'y mod i'n mynd i gario 'mlaen, ond er mwyn pwy? Pwy fydd pia'r practis? Mae'n rhaid imi gario 'mlaen nes y byddwn ni'n cael gwbod hynny, ond sut y bydd hi wedyn? Mae'n ddigon posib y bydda i ar y clwt. A dim ond chydig orie sy ers pan oedd RW yn fyw, ac yn gwella, ac yn sôn am bartnerieth. Mae pethe wedi troi wyneb i waered dwn i ddim faint o weithie ers wythnos dwytha . . . Be fydde'i oed o, Mam?"

" Chwech a deugien, saith a deugien, dwi ddim yn siŵr."

" Dyn ifanc. A be fydde'i oed o pan fu farw'r hen Mr Meredith?"

" Mae ynte wedi marw ers tua ugien mlynedd, yn siŵr."

" Doedd RW ddim ond 'n oed i yn cymyd gofal y practis, felly. Ugien mlynedd o wasaneth, o weithio ddydd a nos, a be sy 'ne i ddangos am hynny? Dim, dim byd. Eiliad o flerwch, a mae peth o'r bai am hynny'n syrthio arna i. Na, Mam, waeth iti heb â deud; mae hynny'n llythrennol wir. Ac fel chwythu cannwyll, mae o wedi darfod . . . Doedd yne ddim golwg diodde ar ei wyneb o, yn nag oedd? Gobeithio na ddaru o ddim dallt ei fod o'n marw."

Mynd am filltiroedd a neb yn deud dim.

" Mi a' i â ti adre, Mam, ac wedyn mi fydd yn rhaid imi fynd i'r syrjeri. Mae'n siŵr na fydd yne ddim gwaith, mi fydd If wedi clirio hwnnw, ond ma' gen i isio amser i feddwl, a thrio trefnu be i'w neud."

Gole yn y syrjeri, a'r MG tu allan.

"Does dim rhaid iti ddeud dim, Bij; dwi'n gweld ar dy wyneb di. Pan ddaru Sali ffonio i ddeud, mi ddaru mi ame amser 'ny. Be oedd o? *Embolus, fat embolus*?"

" Ia, medde'r doctoried. Roedd y Sister yn deud ei fod o wedi mynd cyn imi gychwyn o'r syrjeri, bron. Roeddwn i'n meddwl dy fod di wedi ame; dyne pam yr oeddet ti mor sydyn hefo'r Caesarian. Diolch i ti am hynny."

" Ia, wel . . ."

"Dwi ddim yn gwbod lle 'den ni'n sefyll rŵan, If. Dwn i ddim pwy fydd pia'r practis, a chawn ni ddim gweithio i neb os nad ydi o'n ffariar. Dwi am ffonio'r Royal College i gael gwbod be i'w neud."

" Paid â ffonio'r rheini; chei di neb yn y fan'no roith ateb pendant iti, dim ond dy gadw di mewn rhyw dir neb wnân nhw. Ond mae'n siŵr gen i mai sgutorion yr ewyllys sy'n gofalu am y practis, a gweithio iddyn nhw fyddi di, dwyt ti ddim yn meddwl?"

"Dwi ddim yn gwbod be i'w feddwl! Ond mae'n rhaid imi neud y gwaith, ne' mi fydd y practis yn mynd a'i ben iddo, a fydd o'n da i ddim i neb. Ac 'wrach wedyn hyd yn oed, mai *chuck out* fydd hi."

Distawrwydd.

" Beth bynnag am hynny, If, sut aeth pethe wedyn? Roedd y llo yn iawn, on'doedd? A doedd y fuwch ddim wedi cael dim hambŷg o gwbwl. Chest ti ddim trafferth felly?"

" Na, mi roeddwn i 'nôl yma ymhen awr ar ôl i ti fynd am Wrecsam, wedi cael paned a sôn dipyn am RW."

" Be mae Sali wedi'i neud hefo'r ffôn?"

" Mae o trwodd ganddi hi; doedd yne neb arall ar gael. Wel, mi fase Doris yn ei gymyd o ar binsh, ond mi fase'n well ganddi hi beidio."

" Mae'n rhaid imi ffonio Sali, a fydd hynny ddim yn hawdd. Dwn i ddim sut i ddeud wrthi."

" Mae Sali wedi dallt yn barod, Bij bach. Roedd hi wedi dallt cyn ffonio i Tŷ Ucha ar 'n ôl i. Roedd hi'n torri'i chalon pan ddois i'n ôl yma."

Roedd pawb wedi dallt cyn 'y mod i wedi dechre meddwl. Be sy'n bod ? Ydw i mor ofnadwy o dwp, ne' mor ddideimlad, ne' mor ddiweledigeth, ne' mor ddiddychymyg, ne' be? Ne' 'wrach nad oeddwn i ddim isio meddwl, na gwbod . . . Dwi ddim yn gwbod beth i'w ddeud wrth If, chwaith. Dwi ddim yn gwbod oes gen i hawl i ofyn iddo fo aros i helpu. Dwi ddim yn gwbod oes gen i hawl i gael pres o'r banc i dalu cyflog iddo fo. Dwi ddim yn gwbod dim byd, dwi yn y twllwch . . . Mi fydd yn rhaid imi fynd i weld rheolwr y banc; mi ddyle fo wbod. Ac wedyn mi fydd isio gweld twrne, a'r cyfrifydd. Mi fydd Sali'n medru helpu hefo pwy i weld, ac 'wrach ei bod hi'n gwbod oes yne rywbeth fel swiriant . . . ond yn gynta mae'n rhaid imi weld yr ymgymerwr a'r gwnidog. Mi fase'n well imi neud hynny rŵan.

" Pryna fo!"

" Be?"

" Pryna fo!"

" Prynu be?"

" Pryna'r practis!"

" Prynu'r practis? Wyt ti'n gall, dywed? Sut medra i brynu'r practis? Dwi 'di deud wrthot ti nad ydw i ddim yn gwbod pwy pia fo, hyd yn oed."

" Na, gwranda, Bij. Gwranda di ar be sy gen i i'w ddeud. Does gan RW ddim perthnase agos, ar wahân i'r ddau gefnder yne, a dydi'r rheini ddim yn ffariars, ne' mi faset yn gwbod. Felly dydi o ddim bwys pwy sy'n cael y practis ar ei ôl o; fyddan nhw ddim yn ffariars, a mi fydd yn rhaid iddyn nhw ei werthu o. Ac os ydyn nhw isio pris go lew mi fydd yn rhaid iddyn nhw werthu'n reit sydyn. Rwyt ti yma fel sitin tenant, ac os nad ydyn nhw'n fodlon gwerthu i ti, wel, wnei di ddim aros yma wedyn, a mi eith yr hôl lot rhwng eu dwylo nhw. Mae hynne'n gneud sens, yn tydi? Mae'r rhesymeg yn iawn? Y lojic?"

" Wel, am wn . . ."

Cnoc ar y drws, a dyn tal golygus yn cerdded i mewn, ac yn edrych ar If, ac yna'n edrych arna i. "Mr James Parry? Mae'n ddrwg iawn gen i glywed am farwoleth sydyn Mr Watkin." Yn ysgwyd 'n llaw i. "Mae hyn yn golled fawr i chi, ac mor ddisymwth, yntê? Mi fydd yr ardal wedi syfrdanu; roedd pawb â meddwl uchel iawn o Mr Watkin. Eich mam ddaru fy ffonio i, Mr Parry, a deud y dylwn i ddod yma i'ch gweld chi, gan mai chi ydi'r *next of kin*. Mi ddylwn i egluro, 'wrach. John Price yr ymgymerwr ydw i. Dydw i ddim am aros o gwbwl, dim ond i ddeud wrthoch chi adel popeth i mi, mi wna i roi pethe ar y gweill hefo'r gwnidog, a'r 'sbyty, a'r printar, a'r notis yn y papur – mae ganddoch chi ddigon o boen meddwl rŵan, heb fod isio trefnu pethe felly hefyd. Mi ddo i heibio Argoed pnawn fory pan fyddwch chi wedi cael peth amser i chi'ch hun."

" Diolch yn fawr iawn, Mr Price. Rŵan oeddwn i'n meddwl y bydde'n rhaid rhoi gwbod i chi ac i Mr Jones heno rywbryd. Dwi ddim yn gwbod lle i ddechre. Dwi'n falch o'ch cyfarfod chi, ac yn falch o adel y trefniade yn 'ych dwylo chi."

" Dyne ni 'te, Mr Parry, mi ddo i heibio pnawn fory. Nos dawch i chi'ch dau."

Y peth rhyfedd ydi 'mod i'n medru trafod y pethe 'ma fel tasen nhw'n ddim byd i neud hefo fi . . . hefo If, ac wedyn hefo Price rŵan . . . Be oedd gan If? Prynu'r practis?

" Be wyt ti'n ddeud, Bij?"

"Dwi ddim yn gwbod be i'w ddeud. Ydi, mae be wyt ti'n ddeud yn gneud sens, mae'n debyg. Ond lle faswn i'n cael arian i dalu am bractis?"

" Hold on am funud. Ddeudodd y Price yne rywbeth am *next of kin*?"

" Do, y fi oedd RW wedi ei roi fel *next of kin* – mae'n debyg am mai fi oedd y 'gosa petai isio trefnu unrhyw beth. Lot nes na'i gefndryd o, beth bynnag. Ond hwylustod oedd o, mae'n debyg. Ddim mwy na hynny. A felly ma' pethe wedi troi allan, yntê?"

'Next of kin', 'next of kin' – mi faswn i'n falchach taswn i 'rioed wedi clywed y blwmin geirie . . . Mi fedrwn i ofyn i Mam am arian. Dwn i ddim faint sy ganddi hi –ddim llawer, siŵr. Fase modd codi morgais ar Argoed? Taswn i'n medru prynu'r practis a rhentu'r syrjeri . . . 'wrach y bydde'r banc yn fodlon benthyca arian.

" If? Petaswn i'n medru codi arian, a phetaswn i'n medru prynu'r practis rywsut yn y byd . . ."

" Ia?"

" Faset ti'n fodlon dod i mewn hefo fi?"

" Bij, rwyt ti'n gwbod mai tipyn o rolin stôn ydw i; dwi ddim yn meddwl 'mod i'r siâp iawn i fod yn sefydlog. Be ddeuda i? Gwranda, mi wna i fel hyn hefo ti. Os llwyddi di i brynu'r practis – a ma' gen i ofn deud y geirie bron, 'den ni wedi neidio o'r abstract i'r concrît mewn jest rhyw ddau funud – dwi'n gaddo y gwna i aros am chwe mis hefo ti, i ti gael dechre teimlo dy draed, o leia."

" Reit, dwi am dy ddal di at hynne. A mi gawn ni weld ymhen chwe mis."

" Bij, pwylla, wnei di? Rwyt ti wedi prynu'r practis, ac yn ei redeg o, ac yn cynnig telere i mi, a 'den ni ddim ond yn chware hefo syniade. Mi rwyt ti'n siarad fel tase popeth wedi'i setlo. Gan bwyll, Bij, dders meni e slip, cofia. A ma' 'ne bethe fase'n rheitiach inni feddwl amdanyn nhw – mae'n mynd i fod yn brysur ofnadwy arnat ti pan fydda i yn Leominster. Sut wyt ti'n mynd i neud amser 'ny?"

" Wyt ti'n meddwl y medrwn i ffonio Leominster a deud be sy wedi digwydd, a gofyn wnân nhw dy . . ."

" Rhyddhau? Faset ti ddim gwaeth o dric. Lle mae'r *register* i ni gael y rhif ffôn? Gw an, tria nhw."

Mi ddois i o hyd i'r rhif, a deialu.

" I'd like to speak to Mr Deakin, please."

" Deakin speakin'. What can I do for you?"

" My name is James Parry, and I'm speaking from Trefeglwys in North Wales, the practice of Meredith and Watkin . . ."

" Would that be Dickie Watkin? Well good lord, I was only thinking of him the other day. I shared digs with him for two years when we were in Edinburgh. And how is he?"

" I'm afraid I have to tell you that he had a bad accident last Monday. He seemed to be getting along perfectly well, but he took a turn for the worse this afternoon and didn't pull through."

" Oh, no! Not Dickie, not Dickie Watkin. Oh! good lord, he's only my age. God Almighty, I don't know what to say."

" We feel the same. It's happened so suddenly, we're all stunned."

" Oh! good grief, I can't take it in. Was he still in single-handed practice? No he had an assistant, I seem to remember. Wasn't married, was he? No. Poor old Dickie! Or maybe you're the assistant? Is there anything I can do to help?"

"Well, yes, I am the assistant, and that's why I'm phoning you. You have a locum arranged for the week after next – Ifor Lewis – and he's been helping here this last week, and I wonder whether I could ask . . ."

"You'd like him to be able to stay? Of course he can. It's a lot easier for us three to do the work of four, than for you on your own to do the work of two. I'm only too pleased to be able to help. Is there anything else we can do? Oh! dear me, I can't take it in. Dickie Watkin; never a dull moment with him. I could tell you some stories, believe me! I'll call with you next year and tell you some of them. Yes, of course you can have Ifor; he's a good vet, he won't let you down. Will you let me know when the funeral arrangements are complete? I'd like to come, just to pay my last respects. Good God, it seems just like yesterday . . ."

"I can't tell you how grateful I am, Mr Deakin; that's a load off my mind. And I'll certainly let you know about the funeral."

"That's the least I can do. I missed your name – James . . .?"

"James Parry, Mr Deakin, and thank you so much."

"Think nothing of it. Goodnight, James."

Diolch fyth am hynne. Dyne un poen meddwl yn llai.

"Nos Sadwrn, mae hi'n arfer bod yn dawel. Dos di adre, If. Mi ffonia i Sali rŵan, a mi ro i'r ffôn drwodd i Argoed. Does yne ddim mwy fedrwn ni ei neud heno, am wn i. Dwi'n teimlo fel taswn i wedi bod drwy'r mangyl."

"Os bydd yne rywbeth heno, mi wna i o, Bij. Rwyt ti wedi cael diwrnod caled, ac mae golwg wedi blino arnat ti."

Sut mae Mam erbyn hyn, sgwn i? Mae hyn wedi bod yn fwy o sioc iddi hi na neb. Roedd hi'n gweithio yn y syrjeri pan ddaeth o i Drefeglwys gynta. O! fflop! Dwi ddim wedi meddwl am Bethan. Mi ddylswn i fod wedi gneud amser i siarad hefo hi, a mae hi'n rhy hwyr i ffonio rŵan. Dydw i'n meddwl dim am bobol erill; y practis sy'n cymyd y blaen gen i bob tro. Sgwn i oes yne obeth prynu? Dyne faswn i'n licio'i neud. Mi fase'n rhaid cael stoc-têcing yn syth. A mi fydd yn rhaid cael y cyfrifon at heddiw, er mwyn yr incwm tacs. A phrisio'r tŷ a'r syrjeri. 'Wrach y bydde'r banc yn fodlon benthyca arian ar ôl gweld y cyfrifon. Ond mae ganddon ni'r claddu i feddwl amdano fo gynta. Dy' Mercher, ne' ddydd Iau. Diolch fyth fod Mr Price wedi cymyd hynny oddi arna i.

“ Pa bryd gest ti fwyd, James?”

“Dwi ddim wedi meddwl am fwyd – mi gawson ni rywbeth amser cinio, on’do? A mi gawson baned o de yn y ’sbyty. Mae popeth arall strim stram strellach yn mynnu’r sylw i gyd. Diolch am ffonio Mr Price; mi ddoth i’r syrjeri, a mae o am drefnu hefo pawb, a mae o am ddod yma pnawn fory i drafod. Ddaru ti ddim ffonio Bethan, Mam? Wnes i ddim meddwl nes oedd hi wedi mynd yn rhy hwyr. Dwi’n trio meddwl am bob aflwydd o bob dim, ac yn anghofio’r bobol bwysica.”

“ Do, a mae hi am ddod yma pnawn fory. Fydd gen ti ddim amser i symud o’r lle ’ma, dwi ddim yn credu. Stedda wrth y bwrdd yne, a mi wna i baned a rhywbeth i fyta. O! stedda i lawr, James, yn lle cerdded yn ôl ac ymlaen fel’ne. Rwyt ti’n ddigon a mynd ar nerfe rhywun.”

“ Ia, iawn, ond ma’ gen i gymint ar ’n meddwl. Gwranda, Mam! Pwy bynnag sy’n cael y practis ar ôl RW, os nad ydyn nhw’n ffariars, mi fydd yn rhaid iddyn nhw werthu. A dwi am neud ’y ngore i’w brynu o. Ifor gafodd y syniad, ond mae’n rhaid ei fod yn yr isymwybod gen inne, achos mae popeth yn syrthio i’w le yn daclus. Mi fydd isio arian, ond os ydi’r banc yn cael golwg ar y cyfrifon, yne mi ddylen nhw fod yn fodlon benthyca arian ar sail y practis.”

“ James, dwi’n synnu atat ti. Dydi Richard ddim wedi oeri nad wyt ti wrthi’n trefnu ei bethe fo. Rhag dy gywilydd di, James. Mi faswn yn disgwyl iti ddangos mwy o gydymdeimlad na hynne, wir!” A’r sniffian sbesial yne.

“ Nage, Mam. Ti ddeudodd ei bod hi’n rhaid imi wynebu’r cyfrifoldeb fel dyn, ac nid nadu fel hogan ysgol. Reit, ’te. Be oedd bywyd RW? Y practis. Oedd o wedi meddwl i mi fod yn bartner? Oedd. Oherwydd amgylchiade, pwy ydi’r gore i edrych ar ôl y practis? Y fi. Mae’n rhaid felly, mae’n hollol anghenrheidiol felly, imi feddwl o ddifri am y ffordd ore o edrych ar ôl y practis, a be i’w neud a sut i’w neud o. Dwi ’di dod i feddwl yn ystod y dyddie dwytha ’ma, nad ydw i ddim yn un teimladwy iawn; boed hynny fel y bo, ond ’wrach ’mod i *yn* drefnydd, a fel’ne dwi’n edrych ar bethe. Ydw i’n iawn, ne’ ydw i ddim?”

Daeth â phlatied o facyn ac wy, a thatws wedi’u ffrio, a’u gosod nhw ar y bwrdd o ’mlaen i, plonc.

Dyne fi wedi brifo'i theimlade hi, rŵan. A doeddwn i ddim wedi bwriadu gneud. Ond mae hi'n teimlo mwy na fi am golli RW. Dwi ddim yn siŵr be dwi'n deimlo'n iawn. Euogrwydd? Oes, siŵr, ac mae hynny'n pwyso arna i. Chwithdod, oes; sioc, oes; colled, oes. Ond mae yne rywbeth mwy, a dwi ddim yn meddwl y gwna i gyfadde ond i mi fy hun; dwi'n gweld cyfle hefyd. Ar ôl i If ddeud 'Pryna fo!' Dyne ddaru! Pan ydw i'n meddwl yn ôl, fel yne roeddwn i'n breuddwydio yn hogyn – gweld 'n hun yn berchen practis, a'r practis yma oedd hwnnw. A rŵan fod y cyfle yne, dwi'n mynd i'w gymyd o â dwy law. Petai RW wedi byw mi fyddwn wedi dod yn bartner, ac ymhen ugien mlynedd, fwy neu lai, mi fydde 'ne siawns i mi ddod yn berchen. Ond mae'r cyfle yma rŵan, a fedrwn i ddim madde i mi fy hun taswn i'n colli'r cyfle am fy mod i wedi bod yn rhy ara deg.

" Diolch, Mam. Does gen i ddim isio dy frifo di, ond dim ond unweth y mae cyfle fel hyn yn dod, a mae'n rhaid imi fod yn barod. A dwi'n mynd ymhellach hefyd. Os na fydd y banc yn fodlon benthyca arian, faset ti'n fodlon? Fase posib codi morgais ar y tŷ, hyd yn oed? Mae gen ti olwg fawr ar y practis, dwi'n gwbod, a faset ti ddim yn licio iddo fo fynd i ddwylo rhywun hollol ddiarth, yn na faset?"

" Na faswn, James. Ond mae trafod prynu a gwerthu'r practis mewn gwaed oer fel yne'n ofnadwy, a Richard ddim hyd yn oed yn ei fedd. Ond mi ddeudes i wrthot ti am wynebu cyfrifoldeb, ac felly mae'n rhaid i minne neud yr un peth. Yn y pen draw mi faswn i'n gneud unrhyw beth a phopeth i godi'r arian. Dwi 'di bod yn rhan o'r practis yne ers pan oeddwn i'n ddeunaw oed, a mi rwyt ti'n iawn, fyddwn i ddim yn hoffi gweld neb arall yne."

" Diolch iti, Mam." A dyne'r lwmp yne yn ôl yn y gwddw. "Mae If wedi gaddo y gneith o aros am chwe mis, os medra i gael y practis. A dwi wedi ffonio Deakin yn Leominster, a mae o'n fodlon i'w ryddhau o o'r gwaith locum oedd o i fod i neud. Mae'r byd 'ma'n fychan, Mam. Roedd Deakin yn yr un digs ag RW yn y coleg yn Edinburgh, ac yn fêts mawr, ac wedi cymyd ato yn andros. Ac isio i mi roi gwbod iddo fo pryd mae'r claddu."

Iechyd, dwi'n teimlo fel clwt llestri. Effeth sioc, emosiwn, rhuthro, diwrnod hir, ia, a'r ecseitment, ne'r cwbwl wedi'u pentyrru ar benne'i gilydd, debycach. Cer i dy wely, James bach, i gysgu os medri di.

"Dwi'n mynd am y cae sgwâr yne, Mam. Wela i di yn y bore."

Pennod 8

Mi fydd pawb yn falch o gael heddiw drosodd, siŵr gen i. 'Dydi amser yn beth rhyfedd? Mewn un ffordd mae'r pedwar diwrnod dwytha wedi bod yn un hunllef hir, ond fel arall maen nhw wedi mynd fel mwg. Ifor wedi gneud y gwaith ffariar bron i gyd, a finne wedi rhedeg a ffonio, a ffonio a rhedeg, a dwn i ddim p'run sy fwya blinderus.

Mae hi'n galed ar ei gefndryd o, Michael a Robert, yn nabod neb ac yn gorfod siarad hefo pawb. Er, dwn i ddim pa mor galed fydd hi, chwaith; doedden nhw'n gwbod dim amdano fo, ond fel rhyw gefnder pell. A mae bron popeth yn Gymraeg, ond am yr un emyn, ond mae'n siŵr y gneith Jones y Gwnidog ddeud rhyw gymint yn Saesneg. Mi fydd hynny'n help i Deakin hefyd; mae'n siŵr ei fod o'n nabod RW yn well na'i gefndryd. Gobeithio na wneith y gwnidog ddim mynd ymlaen ac ymlaen hefo'i deyrnged; doedd RW ddim llawer o gapelwr – dydi hi ddim yn hawdd i ffariar, rywsut. A dyn gwasanaethu'i ardal oedd o; ddim llawer o grefyddwr ond yn onest yn ei waith – fase hynny ddim yn ddrwg yn feddargraff. A mi fydd isio meddwl am hynny, ac am garreg fedd rywbryd, ond ddim rŵan, diolch fyth. Gobeithio y bydd Price yn deud yn ddigon clir be ryden ni i fod i neud pan yden ni'n cario allan, ac yn cario yn y fynwent; doeddwn i ddim hyd yn oed yn gwbod p'run 'te ei ben o ne'i draed o oedd i fynd gynta. Chware teg i'r Matron am adel i Bethan gael amser rhydd, ne' mi fase Mam a Sali'n eiste yn y sêt yne ar eu penne'u hunen – mae Mam yn edrych yn o drist. A chware teg i Doris hefyd, ne' fase Sali ddim wedi medru dod – mae'n rhaid cael rhywun i warchod y Roc!

'Rargen fawr, mae'r galeri'n llawn! Mae o'n cael claddu mawr, ond wedyn mi roddodd dros ugien mlynedd, a marw'n ifanc, ac roedd o'n uchel ei barch . . . Mae'r elor yma'n mynd yn rhwydd; roeddwn i'n disgwyl ei gario fo'n llythrennol. Cleients yn ein cyfarch ni hefo'u llygaid wrth i ni fynd i fyny'r

eil – iesgob, mae'r practis i gyd yma! O! na, hyd yn oed McKinney!

" Take the weight on the ropes, and let him down gently. Gently does it." Price yn rhoi'r ordors yn dawel, yn Saesneg, i Michael a Robert. A dyne'r arch yng ngwaelod y bedd –

Richard Watkin
1918 – 1966
Gorffwys mewn hedd.

– a chlywed a gweld y pridd yn disgyn ar yr arch,

"Pridd i'r pridd, lludw i'r lludw."

Llais tenor pur Davies, Tŷ Capel, yn ledio

O fryniau Caersalem ceir gweled,
Holl daith yr anialwch i gyd;

Dim llawer o daith, yn nag oedd? Wyth a deugien oed, a dyne fo yn y gwaelod yn y fan'ne? O! na, dyma'r dagre'n dod.

Pryd hyn y daw troeon yr yrfa
Yn felys i lanw ein bryd;

Cadach poced, reit sydyn, dwi'n llifo o ddagre – *ddim mor felys â hynny, nag oedd, RW? Hen orffen digon swta.*

Cawn edrych ar stormydd ac ofnau,
Ac angau dychrynllyd, a'r bedd,
A ninnau'n ddihangol o'u cyrraedd
Yn nofio mewn cariad a hedd.

Yn ddihangol o'u cyrredd erbyn hyn, 'wrach, ond mi roedd hi'n o boenus am rai dyddie yn Wrecsam. Rŵan dwi'n teimlo'r tristwch. Roeddwn i fel otomaton ar ôl iddo fo farw, ond rŵan dwi yn *teimlo tonne o dristwch. Roedd ganddo fo ugien mlynedd arall o waith o'i flaen, heb sôn am ymddeol a mwynhau – 'ei alw o'i waith at ei wobr' – dydw i ddim mor siŵr. Gwastraff. A pham? Mi fydd raid imi fyw hefo hynny.*

"Yes, your cousin was well thought of; the size of the congregation was proof enough of that. And it is still the practice in Wales, you know, to pay tribute and show respect. Some cynics will say that they come for the food, and I suppose that is so for the few, but the majority come to pay their dues, in a way. But the food is important as well, and you will have to come to the chapel vestry, and eat the boiled ham, and the salad, and all the rest. But the main purpose is for you to meet everybody and be offered their condolences, and by the end you will have a good idea what sort of a man your cousin was, and what people thought of him."

"Dwi'n falch fod hynne drosodd, Mam. Mi ges i fraw pan weles i fod y galeri'n llawn; ddaru mi ddim meddwl y bydde 'ne gymint yne."

" Oedd, roedd o'n gladdu mawr. Pobol yn dod i ddangos parch, yndê? Roedd o'n uchel iawn ei barch, a mae pobol yn cofio be mae o wedi'i neud ar hyd y blynyddoedd."

" Roedd hyd yn oed McKinney yne. Feddylies i 'rioed y bydde fo'n twllu capel!"

" A wyddost ti pwy arall? Wyt ti'n cofio'r ferch yne yn y 'sbyty? Mi gweles i hi yno ddwyweth, ond welest ti mohoni'r eilweth. Wel, roedd hi yno, yn iste yn y cefn, ac ar ei phen ei hun, dwi'n meddwl. Fedra i ddim meddwl pwy ydi hi, na be ydi'r cysylltiad. Os nad ydi hi'n perthyn – perthyn o bell, falle."

" On'd oedd merched y capel wedi gneud bwyd ardderchog, Mam? A digon i lond capel arall yn weddill, hefyd, mi allwn feddwl. Trymps, yntê? Hen siom fod Bethan wedi gorfod mynd yn ei hôl yn syth, ond roedd hi'n deud ei bod hi'n lwcus iawn i gael cymint â gafodd hi; mae hi fel ffair yne, medde hi. A fedrwn i ddim cynnig mynd â hi'n ôl am fod Michael a Robert a Deakin yne, ond dwi'n siŵr ei bod hi wedi dallt."

" Mae hi'n dallt yn iawn iti, a beth bynnag, dydi hyn ddim ond rhagflas o sut y bydd hi arni!"

" Mae hynny'n o bell i ffwrdd fel y mae pethe'n sefyll rŵan, Mam. Dwi'n meddwl mai newid wna i, a mynd i lawr i'r syrjeri; mi fydda i'n reit falch o fod yn ôl yn y tresi."

'Yn ôl yn y tresi', ia, ond am ba hyd? Fedra i neud dim nes y clywn ni gan dwrneiod RW. A phwy ŵyr pwy ydi'r rheini, na pha bryd y byddan nhw'n dechre delio hefo'r ewyllys. Hynny ydi, os oes yne ewyllys – ac os nag oes, mi alle fod yn fisoedd lawer. Sut bynnag yr eith pethe, mi fydda i wedi sicrhau y bydd y practis

mewn calon iawn pan ddaw'r amser i neud penderfyniad naill ffordd ne'r llall. Dwi'n weddol siŵr y gneith y banc roi benthyg, os ca i gyfle i brynu.

" Rydech chi yma o 'mlaen i eto, Sali!"

"Roedd Doris isio mynd, a mi roedd 'ne waith heb ei neud ers y bore, wedyn mi ddois yma ar f'union o'r claddu. On'd oedd o'n gladdu neis? A phobol! 'Des i ddim i'r bwyd; roeddwn i'n meddwl y bydde yne ddigon o griw 'ne hebdda i, ond mae'n siŵr fod hwnnw'n ardderchog – enw felly sy i chwiorydd Capel Horeb. Ond mi roedd hi'n o drist yne hefyd, felly o'n i'n teimlo."

" Oedd, roedd y bwyd fel y basech chi'n disgwyl, a'r festri'n llawn. Roedd yn rhaid i mi aros i gyflwyno Michael a Robert i bawb, ond doedd gen i ddim awydd aros o gwbwl. A Deakin hefyd. Dwi'n falch ei fod o wedi dod; mi fuon nhw'n dipyn o fêts. Lle mae If?"

" Mae o allan ar ei rownd. Mae'n syndod fel y mae o'n dod o hyd i'r ffermydd; dwi ddim yn meddwl ei fod o wedi methu eto. O, a mae yne lythyr personol i chi, roedd o ynghanol yr holl gardie. O, ia, peth arall, mae'r cyfrifwyr wedi ffonio i gydymdeimlo, ac yn deud y bydde'n well cael stoc-têcing cyn gynted ag y medrwn i. A mi gynigies i bore fory – dwi ddim yn gwbod wnes i'r peth iawn – a mae 'ne ryw Miss Stockman yn dod ar y bŷs o Wrecsam. Am enw, yntê? Stockman i neud y stoc-têc!"

Agores y llythyr.

Wainwright and Fosdyke, Solicitors, Wrexham

Dear Mr James Parry,

Re: The Estate of Richard Watkin deceased

We act in the estate of the late Mr Watkin who died on the 6th of October 1965.

You are named as a beneficiary in Mr Watkin's estate.

We would be grateful if you would contact us as soon as possible.

Yours sincerely,

– a rhyw sgribl hollol annealladwy.

Wel, dyne sydyn! Sut y cawson nhw wbod mor fuan? Os na welson nhw'r hysbysiad yn y Daily Post. *Beneffisiari? Wel, mi fydd pob dipyn yn help. Ond does dim rhaid mai arian ydi o, James bach; mi alle fod yn hen watsh, ne' hen lun. Hen lythyr od; digonedd o bapur tew, costus, a dim gwerth o eirie, fel'se nhw'n rhoi pris ar bob gair, a'r rheini cyn syched ag y medren nhw fod. Ond mae'n codi chwilfrydedd. 'Wrach ei fod o wedi gadel mil o bunne i mi! Does yne ddim ond un ffordd o gael gwbod!*

" My name is James Parry. I received a letter from your office this morning, and I would like to speak to Mr Fosdyke or Mr Wainwright, please."

" I'm afraid that Mr Fosdyke and Mr Wainwright are no longer with us. I will put you through to our Mr Williams." Llais cyn syched â'r llythyr!

" Hello, Mr Parry. Ieuan Williams speaking. What can I do for you?"

" Cymro ydech chi, Mr Williams? Roeddwn i'n meddwl, braidd. Mi ges i lythyr gynnoch chi y bore 'ma. Fedra i ddim gneud allan pwy sydd wedi ei arwyddo fo, ond mae o ynglŷn ag ystad Mr Richard Watkin, ffariar yn Nhrefeglwys, yn gofyn i mi ddod i gysylltiad â chi cyn gynted ag y bo modd."

" O, ia. Fi arwyddodd y llythyr; fi sy'n delio hefo'r ystad. Pryd medrech chi ddod i'n gweld ni, Mr Parry?"

" Fedren ni ddim trafod be sy isio ar y ffôn, Mr Williams?"

" Na, mae gen i ofn. Dydi o ddim yn bolisi gennym ni i drin a thrafod pethau fel hyn dros y ffôn. Wrth gwrs mi fedren ni wneud drwy lythyr, ond mae'n ddoethach siarad wyneb yn wyneb, ac wedyn does yna ddim camddealltwriaeth."

" Ydech chi'n gweithio ar fore dy' Sadwrn? Mi fedrwn i ddod bryd 'ny!"

" Bydd hynny'n iawn, Mr Parry. Ddwedwn ni hanner awr wedi naw?"

" Gwerth chweil. Wela i chi amser 'ny"

Ddim yn bolisi, wir! Pam na fedre fo ddeud rhywbeth, rhoi rhyw syniad imi be oedd yn y 'wyllys? Mi fydda i'n hel meddylie o hyn tan ddy' Sadwrn rŵan. A ma' rhywun yn codi'i obeithion – wel, dwi'n gneud, beth bynnag, gwaetha fi yn 'y nannedd.

" Rhowch o ar y llyfr Sali, 'y mod i'n gweld y twrne yn

Wrecsam am hanner awr wedi naw fore dy' Sadwrn. Mae o'n deud 'y mod i'n beneffisiari yn 'wyllys RW, ond ddeude fo ddim pwmp mwy; mae'n rhaid imi ei weld o wyneb yn wyneb, medde fo."

" Mae o'n swnio'n ecseitin, Jim. 'Wrach dy fod di'n mynd i gael . . ."

" Ac 'wrach nad ydw i'n mynd i gael dim byd, hefyd. Mae'n rhaid inni ddisgwyl, a byw mewn gobaith. Lif in Hôp and dai in Caegyyli – dyne maen nhw'n ddeud, yntê? Ond beth am y ddynes Stockman yma? Oes isio gneud rhywbeth cyn iddi hi ddechre?"

"Dwi 'di gneud rhestr o'r cyffurie i gyd yn ôl trefn y wyddor. Does dim ond isio cyfri poteli a thiwbie a felly, ac mae gen i restr o'r offer i gyd yn rhywle, felly mi fydd popeth yn barod erbyn y bore. Dwi ddim yn meddwl ei bod hi'n uchel yn y ffyrm, pwy bynnag ydi hi, ne' fase hi byth yn dod hefo'r bŷs! Mae 'ne fŷs yn cyrredd o Wrecsam am naw; sgwn i fydd hi ar hwnnw? Ddaru hi ddim deud."

" Waeth i chi fynd adre'n gynnar am unweth, Sali. Mi edrycha i ar ôl y ffôn, a mi wna i syrjeri cŵn a chathod heno, fel bod If yn cael sbel. Dydi o ddim wedi cael llawer o amser iddo fo'i hun yr wythnos yma."

" Nos dawch, Jim."

Llonyddwch, a thawelwch. Mae hi wedi bod yn rhuthr ers i RW farw, ac eto fedra i ddim deud 'y mod i wedi gneud llawer . . . Ac roedd y claddu'n hongian uwch 'n penne ni, rywsut – falch o'i gael o drosodd. Os ydi honne'n dod i neud y stock-têcing, fydde'n well i mi gael rhywun i brisio'r adeilade? Na, mae'n debyg y bydd y sgutor yn trefnu hynny at y probêt. Do'n i ddim yn gwbod ystyr hanner y geirie 'ma wythnos yn ôl. Faswn i ddim wedi disgwyl i'r cyfrifydd yrru ymlaen gymint hefo'r stoc-têcing, ond mae'n siŵr ei bod hi'n haws cadw cyfri ar y pethe fydd wedi cael eu hiwsio ers nos Sadwrn – gore po gynta, debyg . . . Fedra i ddim peidio meddwl am y 'beneficiary' yne. Dario fo na fase fo wedi deud, na fase fo wedi rhoi cliw bach.

Yr MG yn cyrredd. Mae If fel corwynt y dyddie yma, a rhyw hanesyn ne' jôc newydd yn llithro oddi ar ei dafod o drwy'r dydd.

" Ddeudest ti ddim byd fod gen ti hipis, ne' bobol y blode, ne' sipsiwns ne' beth bynnag y galwi di nhw, yn byw yng ngwlad y menig gwynion yma! Dwi newydd fod hefo Miss neu Mrs – sut bynnag mae hi'n galw ei hun. Finnegan, Perfeddgoed. Wel, ddim hefo, os wyt ti'n dallt be dwi'n feddwl, ond yn ymweld â – iechyd, ma' 'ne olwg ar y lle – wel, ar y bildins, o leia; fues i ddim at y tŷ. Doedd yne ddim golwg o neb o gwmpas, a mi es i edrych i'r côr. Dim anifel i mewn, ond roeddwn i'n clywed sŵn babi'n crio yn dod o rywle. A dyna lle'r oedd o, y creadur bach, yn gorwedd yn y manshar mewn gwair, ac yn noeth fel y dydd y ganed o – a fase fo ddim ond rhyw chydig fisoedd oed, mae'n debyg. Roeddwn i ar fynd i'r afel i edrych ei ddannedd o, i gael sicrwydd gwyddonol am ei oed o, pan ddaeth yr hogan, yr eneth, y ddynes, yma i mewn. A wysti be oedd ganddi amdani? Ofarôls saer a welingtons, a dim byd arall, ar fy llw! Rwyt ti'n gwbod fel yr ydw i wedi llygadu merched erioed? Wel, ro'n i'n gneud yr arferol, pan blygodd hi i lawr at y babi, a rwyt ti'n gwbod fel y mae ofarôls saer yn agor yn yr ochor, wel, mi ges i byrds ai fiw, a doedd yne ddim byd o dan yr ofarôls, ar fy llw! Dwi 'di clywed disgrifio merched fel 'ffyr côt a dim nicars' ond mae'r Finnegan yn codi pethe i lefel uwch, ne' lefel is, fel y mynni di; ydi, myn diân i! Siocd! Dyne oeddwn i, siocd! Hogyn bach o'r wlad, wedi derbyn ei addysg yn yr ysgol Sul, yn ddiniwed, yn ddibrofiad, bron na faswn i'n deud yn ddibechod hefyd, yn gorfod gwynebu'r fath olygfa erchyll, ddiddorol – wel mwy diddorol nag erchyll, a bod yn onest. Bobol bach, dwn i ddim be ddaw o'r hen fyd yma, na wn i wir!"

" Mynd i weld llo ddaru ti, If. Gefest ti amser i edrych ar hwnnw?"

" Llo? Pa lo? Ches i ddim amser i feddwl am lo! Ocê, do, mi edryches ar y llo, ac roedd o wedi sigo yn ei fogel. Rhyngthon ni – a mi roedd hynny'n ddigon diddorol hefyd, cred di fi; ychwanegiad arall i addysg Ifor Lewis, ond mwy am hynny eto, yn y gyfrol nesa – mi ddaru ni ei droi o ar wastad ei gefn, a mi fedres roi pwythe drwy'r croen llac; mi ddyle hynny achosi digon o adwaith i'w gadw o yn ei le, rhyw sigiad bach oedd o. Mi ddyle fod yn iawn; erbyn eu bod nhw tua deunaw mis does yne ddim peryg, beth bynnag."

"Dwi'n falch 'y mod i wedi gyrru Sali adre'n gynnar – mi alle hanesion fel hyn effeithio arni am ei hoes! A dwi am dy yrru di adre hefyd; mae'n hen bryd i mi neud rhyw gymint o waith yn y syrjeri 'ma. Mi wna i heno, a mi gei di ddechre hefo'r cŵn a'r cathod bore fory."

"Dwi'n mynd adre ar f'union i ddechre sgwennu llyfr. Mae'r teitl gen i – 'Shenannigans at the Finnegans'. Be wyt ti'n feddwl? Is-deitl: 'Erotic rumpuses in a farmhouse in the depths of rural Wales'. Mi ddyle werthu'n dda!"

Mae o'n un ar ei ben ei hun. Ac os medra i brynu'r practis, gobeithio'r arhosith o'n hirach na'r chwe mis mae o wedi'u haddo.

" Sut aeth hi yn y claddu heddiw, Bij? Llawer yno?"

" Oedd, roedd o'n gladdu mawr; y capel yn llawn ulw, a giang yn sefyll tu allan. Mi faswn i'n deud fod y rhan fwya o'r cleients yne, a mi synnes i weld hyd yn oed McKinney yn y capel. Roedd yne deimlad o dristwch yn pwyso ar bawb am ei fod o wedi marw mor ifanc; yn sicir ddigon roedd o wedi gneud ei le, ac wedi ennill parch pawb. Roeddwn i'n meddwl yn y capel, dydi hi ddim yn mynd i fod yn hawdd i drio cymyd ei le o – hynny yw, os daw'r cyfle. Roedd y ddau gefnder ar goll yn llwyr, cofia; fase waeth eu bod nhw'n Saeson – wel, Saeson yden nhw i bob pwrpas, er bod eu tad nhw'n Gymro. Dim gair o Gymraeg gynnyn nhw, dim syniad am y Cymry a'u claddu, popeth yn hollol ddiarth; dwn i ddim be fydde'u sgwrs nhw ar eu ffordd adre! Biti na faset ti wedi medru dod i'r festri wedyn – digon o fwyd i borthi'r pum mil, a mi roedd yne beth dialedd o'r briwfwyd gweddill; mi fase wedi sbario dipyn ar Doris druan!"

" Rwyt ti 'mlaen am y practis eto. Paid ti â chymyd dy siomi, Bij, mi allet ti'n rhwydd fethu cael dy afel arno fo. A dwi o ddifri. Dwi'n edifar bron 'mod i wedi rhoi'r syniad yn dy ben di o gwbwl."

" Gwranda, If, mae gen i deimlad ym mêr 'n esgyrn, 'mod i'n mynd i fedru prynu. Dwi'n ame y bydd y banc yn eitha bodlon, ac mae Mam yn fodlon helpu hefyd. Hyd yn oed os eith o am fwy na'i werth, dwi am ei gael o! Ddaw'r cyfle byth eto, ac mi faswn i'n ffŵl i beidio mynd i'r limit."

" Wysti, Bij, dwi'n cael y teimlad, rŵan, na ddim jest yr wythnos yma rwyt ti wedi meddwl am hyn, ond ei fod o'n hen beth. A phan ddeudes i wrthot ti am brynu, be ddaru mi oedd agor drws i ryw hen freuddwyd. Doedd y syniad ddim yn newydd, yn nag oedd?"

" Nag oedd, doedd o ddim. Ond doeddwn i ddim wedi meddwl amdano fo ers blynyddoedd a blynyddoedd. Pan oeddwn i'n fychan o gwmpas y syrjeri 'ma, pan oedd Mam yn gweithio yma, a wedyn pan oeddwn i'n mynd allan yn y car hefo RW, dyne 'mreuddwyd i. James Parry, ffariar, bòs ar y practis, ac yn gneud gwyrthie hefo anifeilied Trefeglwys a'r cylch! Ond rŵan mae o o fewn 'y ngafel i, a dwi'n mynd i neud 'y ngore glas i droi'r hen freuddwyd yne'n ffaith."

" Weles i erioed gês cliriach o ddyn yng ngafel y Roc. Ddoi di byth yn rhydd, 'rhen frawd; mae'r hen wyth yne wedi dy ddal di. Carcharor am oes!"

A mae o'n iawn hefyd. 'Dydi'n rhyfedd fel y mae o'n medru darllen 'y meddwl i? Mae o fel tase fo ar yr un donfedd â fi, ond nad ydw i ddim ar ei un o. 'Den ni'n edrych ar bethe yr un fath, ond ei fod o'n gweld mwy o hiwmor na fi . . . roedd hi'r un peth yn y coleg. Os gweithith pethe, 'wrach y medren ni fod yn bartneried.

" Wel, Nia, a Mrs Evans, a Black Jack, sut ydech chi o'ch tri? Bobol bach, oes yne bythefnos wedi pasio?"

" Oes, wir, Mr Parry, a phythefnos go drist i chi, yntê? Roedd hi'n ddrwg ofnadwy gynnon ni glywed am Mr Watkin, druan. Biti ofnadwy, a fynte mor ifanc."

" Ia, wir. Trychineb. Ond mae'n rhaid dal ati; fase fo ddim yn disgwyl dim llai. Rŵan, 'te, Nia, be 'di hanes dy gi bach di? Be oedd ei enw o i gyd, dywed? 'Penmynydd Black Jack'?"

" Ia, ond 'den ni'n ei alw o jest yn 'Jack'."

" 'Jest yn Jack', mae hwnne'n enw rhyfedd. 'Jest yn Jack'!"

" Nage, 'den ni jest yn ei alw o'n 'Jack', dim ond 'Jack', nid 'Jest yn Jack', mi fase hyny'n sili."

" O, dwi'n dallt rŵan. Wel, ydi o'n siarad Cymraeg gen ti eto?"

" Na, ond mae o'n dallt lot, a mae o bron wedi dysgu deud pan mae o isio mynd allan i pi-pi a phethe."

Tra oedden ni'n siarad, roeddwn i'n rhoi'r ail frechiad, ac yn llenwi'r llyfr brechiade.

" Dyma ti, Nia. Pasport Jack. Mi fydd isio gneud hyn bob rhyw ddwy flynedd, Mrs Evans; dowch â'r llyfr hefo chi bob tro. Mi gewch chi air o'r syrjeri i'ch atgoffa chi pan ddaw hi'n amser i'r nesa."

Hen eneth fach neis! Dwi fel taswn i'n medru gneud hefo plant pan ddon' nhw i'r syrjeri hefo'r anifeilied 'ma, ond dwn i ddim sut y byddwn i fel arall . . . ond mi fase'n braf petai gynnon ni, Bethan a fi, blant yn rhedeg rownd y lle! . . . Iechyd mawr, James, rwyt ti'n camu'n fras iawn rŵan!

" Mam, mae yne rywun, rhyw Miss Stockman, yn dod o swyddfa'r cyfrifydd fory i neud y stoc-têcing. Dwi'n synnu braidd eu bod nhw'n brysio cymint, ond mi fydd yn rhaid gneud, mae'n debyg, er mwyn cael y cyfrifon yn iawn. A pheth arall. Mam. Mi ges i lythyr gan dwrneiod yn Wrecsam – Wainwright a Fosdyke – yn deud 'y mod i'n un o'r beneffisiarîs yn ewyllys RW. Dwi wedi trefnu i fod yno hanner awr wedi naw fore Sadwrn. Ac ma'r rheini wedi mynd ati ar frys ofnadwy hefyd; roeddwn i'n meddwl fod pob twrne'n gneud pethe yn ei bwyse."

" Mi ges inne lythyr gan y twrneiod hefyd, yn deud 'y mod inne yn yr ewyllys fel beneffisiari. Roeddwn i'n meddwl sgwennu atyn nhw heno."

" Tyd hefo fi dy' Sadwrn; waeth iddo fo'n gweld ni'n dau hefo'n gilydd, 'run blewyn."

Wrthi'n byta swper, ac yn trafod y claddu. Ffôn yn canu.

" Meredith a Watkin. Jim Parry'n siarad."

" A Wil Huws, y Ddôl, Pentre Meini sy pen yma. Jim, mae gen i fuwch wedi neidio'r ffens i'r mên rôd, a ma' 'ne Fini wedi'i hitio hi, a ma' 'ne olwg y diawch arni – ma'i gwddw hi'n rhacs. Ddoi di i fyny i gael golwg arni?"

" Mi ddo i i fyny'n syth, Wil."

" Da was."

'Sdim llawer o olwg ar y Mini, chwaith, mi fentra i. Dydi gwartheg Wil mo'r 'sgafna!

Y fuwch yn sownd wrth yr aerwy yn y côr, a ma' Wil yn iawn, ma' 'ne olwg y fall arni. Ochr dde i'r gwddw yn rhimyne o groen, fel crie. Mae'n rhaid fod gwydre goleuade'r Mini wedi torri yn y ddamwain, ac wedi torri'r croen – ddim o ochor i ochor, ond i fyny ac i lawr. Gobeithio fod y gwythienne'n rhedeg fwy ne' lai north a sowth, ne' mi fydd yne lot o'r croen yn marw. Ma' gen i waith pwytho i dragwyddoldeb!

" Hen dro am yr hen Watkin, Jim. Mi farwodd yn sydyn ar y naw, on'do?"

" Do, annisgwyl ofnadwy. Braster o fêr yr asgwrn yn codi i'r gwaed – hart atac wedyn, debyg. A mae'r tshansys i hynny ddigwydd yn fychan bach, bach, ond mi ddigwyddodd iddo fo. Ac roedd o'n dod yn ei flaen yn iawn, werth chweil. Fuodd Mam a fi hefo fo yn y pnawn, ond erbyn i ni gyrredd adre, ffôn i ddeud ei fod o'n darfod."

" Brensiach annwyl!"

" Wel, Wil, mae'r croen 'ma ar ei gwddw hi'n debycach i danne telyn na dim byd arall. Waeth imi heb â thrio rhoi local iddi; does yne ddim lle i roi nodwydd, bron. Taset ti'n ei gwerthu hi i'r Indiaid Cochion, mi fase'n gneud yn iawn i'r rheini; maen *nhw'n* gwisgo cotie lleder hefo rhyw rimyne ar hyd y llewyse. Dydi'r gole ddim yn gry iawn yma. Fedrwn ni ei symud hi i le gwell? Ne' falle bydde'n well iti ddal lamp imi bwytho."

Pwytho'n ddyfal am dros awr, a wir roedd o'n dod at ei gilydd reit daclus.

" Mi fydd yn rhaid iti gofio,Wil, pan ddaw hi'n amser testio, i ddeud pa ochor mae'r holl bwytho yma wedi bod. Os daw hi drwy hyn, mi fydd 'ne greithie difrifol, a mi fydd hi'n anodd mesur trwch y croen. Dwi'n synnu nad ydi o wedi deud mwy arni, a deud y gwir, ond 'wrach y bydd hi'n wahanol yn y bore. Sut olwg sy ar y Mini?"

" Golwg mawr ar hwnnw, fel tase fo wedi hitio wal, myn diaw."

" Rho wbod imi be 'di hanes hi, Wil, wnei di? Oes yne ryw bosib y cei di hwn ar insiwrans? Wysti, doedd hi ddim ar dy dir di, yn nag oedd? Gofynna i asiant yr Undeb."

Hen ddiwrnod blinderus eto; mi fydda i'n falch o gyrredd y gwely. Dwi'n meddwl fod tensiwn yn blino rhywun yn llawer mwy na gwaith . . . Rhwng y cyfrifydd a'r twrne, mae pethe'n symud lot ynghynt nag oeddwn i'n disgwyl . . . 'wrach y dylwn i fod yn mynd ati i neud trefniade pendant ynglŷn â chodi arian, a hynny'n o fuan, hefyd . . . Os daw o, mi fyddwn ni'n medru priodi'n o fuan, a symud i'r syrjeri i fyw . . . mi alle If gael lodjins hefo Mam wedyn – mi fase hynny'n ei gneud hi'n haws hefo'r ffôn, ac yn rhoi rhywbeth yn ei phoced hi.

Pennod 9

Ffôn yn canu. *Lle aflwydd mae o? Dwi ddim ond newydd roi 'mhen i lawr! Be 'di'r amser! Lle mae o?*

Dod o hyd i'r ffôn. "Helô, Jim Parry yma."

" Griffiths, Carreg Wastad, Cwm, sy 'ma, Jim. Ddrwg gen i dy ddeffro di mor gynnar, ond mae 'ma fuwch wedi torri'i chorn yn y nos, a mae hi wedi gwaedu dipyn go lew. Faswn i ddim yn poeni cymint ond ei bod hi'n drom gyflo. Wedi rhoi ei chorn rhwng y barie, rywsut, dwi'n meddwl, ond mae'r corn yn hongian, a'r gwaed yn sbowtio."

" Mi ddo i cyn gynted ag y medra i wisgo! Be 'di'r amser, dydwch?"

" Chwarter i saith, Jim. Mae'n ddrwg gen i."

" Na, ma' hynny'n iawn; fi sy'n gysglyd. Rhowch dri ne' bedwar ffiltar llaeth ar y corn i atal y gwaedu nes c'rydda i."

Whiw, ro'n i'n cysgu'n drwm, a dwi'n dal yn ddigon cysglyd hefyd. Dipyn bach o awyr iach a mi fydda i'n iawn. Mi fydd isio llifio'r corn i ffwrdd yn gyfan gwbwl, a waeth imi neud yr ochor arall hefyd, ond ma' hi'n gyflo – ddim yn amser delfrydol, a deud y lleia. Biti na fydde fo wedi digwydd neithiwr, a finne o fewn tair milltir, yn y Ddôl! Mi alwa i heibio i gael gweld honno ar y ffordd yn ôl – i weld y brodweth yng ngole dydd!

" Hen dro am Watkin, Jim."

" Ia, wir, ond fel'ne ma' hi. Ac mae'n rhaid dal ati."

" Digon gwir. Dwi 'di dod â hi i'r côr bach 'ma – wedi gwaedu'n o arw, dwi'n ofni."

" Dim ond unweth y gweles i fuwch yn gwaedu i farwoleth ar ôl tynnu'i chyrnie, a hynny am na wnâi'r ffarmwr ddim gadel imi rwymo cortyn am eu penne nhw i atal y gwaed, a mi roedd un wedi marw erbyn y bore, ond roedd y pymtheg arall yn iawn. Na, dwi'n poeni mwy ei bod hi'n gyflo na'i bod hi wedi gwaedu, a deud y gwir. Mae chydig o waed yn cyrredd ymhell, cofiwch, 'run fath â cholli llaeth ar y llawr yn y tŷ.

"Mae'r ffiltars llaeth yne wedi gneud eu gwaith, Mr Griffiths. Does yne ddim byd yn sbowtio rŵan. A drychwch, mae'i llygid hi'n ddigon pinc – na, dydi hi ddim wedi gwaedu'n ofnadwy. Mae'n nhw'n deud fod gynnon ni wyth peint o waed; mae gan fuwch alwyni, felly, a mi feder sbario rhyw beint ne' ddau, wyddoch chi. Ond dwi'n meddwl y bydde'n well inni ei di-hornio hi'n iawn. Mae'n rhaid inni dacluso'r ochor yne, a waeth inni dynnu'r llall hefyd."

Rhewi'r ddau gorn, a rhwymo cortyn bêl yn dynn rownd bôn y ddau. Yna'u llifio nhw i edrych yn gyfartal, ac wedyn dipyn bach o bowdwr M&B.

" Dyne ni, Mr Griffiths, mi ddyle fod yn iawn. Torrwch y cortyn bore fory."

" Diolch, Jim. Gymeri di damed o frecwast hefo ni, gan 'y mod i wedi dy lusgo di o dy wely mor gynnar?"

Dyne well, mi fedra i wynebu'r dydd rŵan. Bacyn ac wy a sosej; roedd o'n andros o dda, yn enwedig a finne'n arfer hefo dim ond corn fflêcs. Mae gen i amser i fynd heibio'r Ddôl i gael golwg ar fuwch Wil, ond rhaid imi beidio bod yn rhy hir, chwaith.

" Sut mae hi yma heddiw, Wil? Wedi bod i fyny yn y Cwm, a meddwl y baswn i'n taro golwg ar y fuwch."

" Tshampion, Jim. Dipyn bach yn stiff, wrth reswm, ond ma' hynne i'w ddisgwyl, decini. Ond mae hi wedi clirio'r cêcs, a hynny o wair rois i o'i blaen hi. A dwi 'di teimlo croen y gwddw lle fuost ti'n pwytho a mae o'n gynnes i gyd. Mae hynny'n arwydd go lew, yn tydi?"

Chwarter wedi naw ar gloc yr eglwys – ddim yn ddrwg. Pwy 'di hon yn cerdded at ddrws y syrjeri hefo'i brîffces? Fase hi byth yn drafeaeliwr, ne' drafaelwraig yn hytrach; mae gan reini geir. Os nad y Miss Stockman yne ydi hi.

" Miss Stockman? I'm Jim Parry. Come this way." A fel dwi'n ei chyfarch hi, dwi'n gweld ei gwyneb hi'n newid, a'i llygaid hi'n llenwi, ac mae hi'n dechre crio.

Be sy rŵan? Wnes i neud dim na deud dim fase'n achosi iddi grio. Dwi'n siŵr 'y mod i wedi'i gweld hi yn rhywle o'r blaen, hefo'r gwyneb del yne – o leia mi roedd o, cyn iddi ddechre crio! O! twt, dwi'n da i ddim mewn rhyw amgylchiad fel hyn!

" Sali, could you help Miss Stockman? She seems to be in some distress. Take her through and make her a cup of tea or something."

Ac mae hynne'n swnio'n ddideimlad diawchedig, hyd yn oed i 'nghlustie i. Yr 'or something' yne; faswn i ddim yn ennill gwobr am fod yn ddiplomatig, ma' hynny'n siŵr! Ond mi aeth hefo Sali'n syth, fel tase hi'n falch o gael mynd o'r golwg . . . Lle dwi wedi ei gweld hi? Ddyle'r cyfrifydd ddim ei gyrru hi os ydi hi'n dempramental; does gynnon ni mo'r amser i edrych ar ôl pobol felly. Mi fyddwn ni'n hir iawn yn gneud y stoc-têcing fel hyn! Dwn i ddim be ddoth drosti i dorri i lawr fel'ne. Ond wedyn, dydw i'n dallt ond y nesa peth i ddim am ferched; mi alle fod yn unrhyw beth.

" Feeling better now?"

"Does dim rhaid ichi siarad Saesneg hefo fi, Mr Parry; dim ond yr enw sy'n Seisnig. Dwi'n teimlo'n ofnadwy am dorri i lawr, gynne. Doeddwn i ddim am ddeud dim byd, ond mae'n rhaid imi roi eglurhad ar ôl gneud ffŵl ohona' fy hun fel'ne. Fi sy wedi bod yn gneud y cyfrifon i Mr Watkin, ac roedden ni wedi dod yn dipyn o ffrindie. A mi feddylies y medrwn i ddod yma hefo'r stoc-têcing a chael popeth allan o'n system heb i neb fod dim callach. Ond mi fethes, on'do, a gneud dipyn o sioe o bethe. Mae'n ddrwg gen i. Wneith o ddim digwydd eto, mi fydda i'n iawn rŵan," ac ymgais ar wên fach ddewr.

Mae ei gwyneb hi'n fwy na del, mae hi'n hardd!

" Dyne lle dwi wedi'ch gweld chi, yn y 'sbyty. Mi gafodd Mam gip arnoch chi wedyn hefyd, ac yn y claddu ddoe. Mae gen inne waith ymddiheuro hefyd am fod mor ofnadwy o sych a dideimlad. Gawn ni ddechre eto? Miss Stockman, James Parry ydw i – galwch fi'n Jim – a Sali wnaeth baned o de ichi."

" A galwch finne'n Elaine."

A dyma'r lefren y bu Sali a fi'n dyfalu yn ei chylch. Roedden ni'n iawn, felly, a chware teg i RW, roedd o wedi dewis un dda! Lle dwi 'di clywed yr enw Elaine o'r blaen? Mae hynny'n canu cloch yn rhywle, hefyd.

" A dyne sy'n wirion, Jim," medde Elaine. "Does dim *rhaid* cael cyfrifydd i neud y stoc-têc; y fi ddaru gynnig i'r bòs y baswn i'n dod drosodd i neud. A mi fuodd yn ormod imi. Ond dyne fo, ma' hynne wedi pasio; dwi'n iawn rŵan. Lle dechreuwn ni?"

" Mae Sali wedi paratoi rhyw restre, felly mi fase'n well i chi'ch dwy fynd drwy'r rheini hefo'ch gilydd."

" Sali," medde If wrth ruthro i mewn, wedi bod yn trin yr anifeilied anwes, "oes yne gerdyn i James, Ger y Ddôl?" Yna stopia'n stond a'i geg ar agor, gan rythu ar Elaine. Mae'r pedwar ohonon ni fel tasen ni mewn drama; neb yn deud gair, wedi anghofio'n geirie, fel pedwar delw mud.

Ac yna, "Elaine?" medde Ifor, ac "Ifor?" medde Elaine ar yr un pryd.

" Pwy fase'n disgwyl dy gyfarfod di yma," medde'r ddau hefo'i gilydd.

" Mae'r syspens yn ormod i mi. Beth amdanoch chi, Sali? Beth am roi eglurhad i ni'n dau?" gofynnes, yn mwynhau gweld If wedi colli'i eirie, ac Elaine yn cochi'n araf. Cymyd cyfle wedyn i dynnu coes Ifor. "Ga i ddyfynnu dipyn bach o R.Williams Parry i ti, If, fel yr wyt ti'n arfer gneud? 'Syfrdan y safodd ynte, a dwy sefydlog fflam ei lygaid *arni*'." A phwyslais trwm ar yr 'arni'!

Dwi'n cofio rŵan. Elaine oedd enw'r ferch ddaru o'i chyfarfod hi yn Lerpwl; am honno roedd o'n deud ei fod o'n chwilio amdani fel Flying Dutchman. Roedd y ddau yn dal fel dau fudan!

" Gwranda, If, cer di yn dy ôl i orffen hefo James, Ger y Ddôl. Erbyn y byddi di wedi gorffen, mi fydd Sali wedi gneud paned o de i ni, ac 'wrach y cawn ni'r stori, achos mae'n amlwg iawn i mi fod yne stori, a honno'n stori ddifyr hefyd."

Aeth Ifor fel oen bach. Roedd Elaine yn iste mewn cader erbyn hyn, a'r gwrid yn cilio.

Mae yne rywbeth reit agos-atoch-chi yn yr Elaine yma; mi roeddwn i 'mhell o'n lle yn meddwl ei bod hi'n niwrotig a thempramental. Mae yne hanner gwên ar ei gwyneb hi rŵan.

" Wel, dyne fi wedi gneud sioe eto, Jim. Dwi'n arfer bod ag eitha llywodreth dros 'y nheimlade. Y chi ddeudodd, 'Gawn ni ddechre eto?' Wel, dwi ddim yn gwbod be i'w ddeud, ond dwi'n meddwl bod isio dechre eto, eto! Dwi'n 'ch galw chi'n Jim am mai Jim Parry ddeudsoch chi oedd 'ch enw chi, ond dwi'n 'ch nabod chi fel James. A dwi'n 'ch nabod chithe'n iawn, Sali, hefyd, a'ch mam chithe, Jim – Marged – a lot o'r cleients. Roedd Richard a minne'n ffrindie mawr, dim mwy na hynny, dim ond ffrindie da. Roeddwn i'n edrych arno fo fel tad, bron, y tad ddaru mi mo'i nabod am iddo farw pan oeddwn i'n beder oed. A dwi'n meddwl ei fod o'n edrych arna i fel un a alle fod yn ferch iddo fo. Mi roedden ni'n mynd i gerdded dipyn, a chael ambell i bryd o fwyd, a dyne oedd ei sgwrs o – y practis – be oedd yn digwydd a sut oedd pethe'n mynd. A dyne pam yr ydw i'n gwbod un mor dda ei gwaith ydi Sali, a pha mor dda yr oeddech chi, Jim, yn ffitio i mewn yn y practis, ac fel yr oedd o wedi penderfynu'ch gneud chi'n bartner. A chan 'y mod i'n gwbod cymint am y practis, mi benderfynes ddod yma i gael 'ych gweld chi, heb 'ch bod chi'n sylweddoli 'y nghysylltiade i. Ond mi fethes!"

" Dwi'n meddwl 'y mod i'n dallt y stori yne, ond beth am y stori nesa? Os ca i ddeud, mi ddaru chi gochi pan ddaeth Ifor i mewn, a chochi o ddifri hefyd. Be ydi'r cysylltiad hefo fo?"

" Ia, dyne oedd yr ail sioe wnes i'r bore 'ma, ond gofynnwch iddo fo, Jim, pan ddaw o yn ei ôl."

Dyma Sali hefo'r mygs o de, ac If i mewn wedi gorffen syrjeri'r bore.

" Reit. Be 'di dy gysylltiad di hefo Elaine yma, If? Eglurhad manwl, a chyflawn, a chywir, cofia."

" Wyt ti'n cofio i mi sôn am y weledigeth gefes i yn y Clwb Cymraeg yn Lerpwl?" Roeddwn i'n teimlo fod Ifor wedi cael amser i feddwl, a'i fod o am weithredu ar 'attack is the best form of defence'. Mi ddeudis am y dduwies, a'i harddwch tu hwnt i bob harddwch, a'i bod wedi rhoi parlys ar 'y nhafod i, a 'mod i wedyn wedi bod am wythnos yn 'y ngwely yn diliriws, ac yn llefaru barddonieth uchel-ael megis 'dau lygad disglair fel dwy em' a 'mae holl dyneraf liwiau'r rhos yn hofran', ia, gwranda Jim, 'yn hofran ar ei grudd' nes bod yr arbenigwyr i gyd yn meddwl mai gwallgofi oeddwn i."

"Na, dwi ddim yn cofio hynne, ond dwi *yn* cofio iti ddeud dy fod di wedi gweld geneth ddel, a dy fod di wedi'i ffansïo hi cymint na fedret ti ddim deud gair o dy ben, ond ddaru ti ddim adrodd dim o'r ffansi barddonieth yne!"

" Dyne ti, Jim, tynna fi i lawr, gwna fi fel llwch y llawr, chwala'r ddelwedd cyn imi gael cyfle i gychwyn ar y llinelle gwych rheini, 'ond na bu em belydrai 'rioed mor fwyn â'i llygaid hi', a 'mae'i gwefus fel pe cawsai'i lliw o waed y grawnwin rhydd', a faint bynnag chwaneg oeddwn i'n gofio o wersi Cymraeg y pumed, gynt! Rhag dy gywilydd di, Jim! A throi at Elaine. "Ond Elaine! Mae o yn deud y gwir, ond na ddeudodd o ddim 'mod i'n edifar hyd rŵan na ches i mo'ch enw llawn chi, na dim cyfeiriad, na dim modd i ddod i unrhyw gysylltiad hefo chi – roeddech chi fel tasech chi wedi diflannu oddi ar wyneb y ddaear."

" Sali," medde fi, " fedrwch chi ddod hefo fi i swyddfa RW i ddangos y ffurflenni yswiriant?"

Wedi cau'r drws, " Doedd dim isio ni'n dau yn y fan'ne, Sali; prin ma'n nhw'n nabod ei gilydd, ond mae yne rywbeth mawr rhyngthyn nhw yn barod. Mae If wedi bod yn sôn am yr Elaine yma, wedyn dwi'n gwbod am ei ochor o, ond welsoch chi Elaine yn cochi? Dwi'n ame 'i bod hithe wedi syrthio amdano fo hefyd! Dwn i ddim pryd y cawn ni ddechre ar y stoc-têc rŵan!"

Mae hyn fel darne jig-so – y fi wedi 'ngeni a'm magu yma, ac yn dod yn ôl i weithio i RW; If yn gweld Elaine ac yn ei cholli hi; RW yn dod yn ffrindie hefo hi, yn cael y ddamwain, ac o'r herwydd mae If yn dod yma; wedyn RW yn marw, ac mae Elaine yn dod i'r syrjeri heb wbod dim, a'r ddau yn ailgyfarfod. Tase'r un darn mawr o'r jig-so yn syrthio i'w le eto . . . ia, RW ydi'r cyswllt bob tro . . .

" Bij? Fase'n bwys gen ti taswn i'n cymyd heno'n rhydd? Cyn gynted ag y bydd hi wedi gorffen hefo'r holl cyfri 'ma, dwi'n meddwl mynd ag Elaine yn ôl i Wrecsam; dydw i ddim am golli golwg arni rŵan. Dydi hi ddim yn gwbod eto, ond dwi'n meddwl fod 'n dyfodol ni'n dau ynghlwm wrth ei gilydd. Wel, mi fydd os ca i'n ffordd 'n hun."

" Can croeso If, cyn belled ag y gnei di unrhyw waith ddaw i mewn ar ôl tua hanner awr wedi saith o'r gloch bore fory. Mae gen i isio mynd i weld y twrne 'ma yn Wrecsam – dwi 'di deud wrthot ti 'mod i wedi cael llythyr yn deud 'y mod i'n *beneffisiari,* on'do? Does gen i ddim cliw be i'w ddisgwyl, cofia, ond mae yne rywbeth, pwy ŵyr be. Ac ma' Mam wedi cael llythyr hefyd, ac wedyn mi fydd yn rhaid inni gychwyn chwarter i naw fan bella."

" Ocê, a Bij?"

" Ia?"

" Mi ddaru ti ofyn i mi, petaset ti'n medru prynu'r practis, faswn i'n fodlon dod i mewn hefo ti. Wel, ga i dy ddal di at hynne? Mi alle pethe newid yn o sydyn arna i, wel, gobeithio! A dwi'n teimlo rhyw fodlonrwydd yn fy mynwes i dderbyn huale'r Roc! Y fi, y crwydryn! Y fi o bawb! A gredi di?"

Bingo!

Bore heulog braf o hydref, a rhyw fymryn o ias ynddi.

" Mae pob aflwydd o bob peth wedi newid mewn wythnos, Mam. Ddaru ni ddim meddwl y bydden ni'n gneud y siwrne yma y bore 'ma. Wythnos i heddiw, roeddwn i'n edrych ymlaen at ei gael o'n ei ôl, ac y bydde fo'n dechre cymyd y ffôn a phethe felly – ac mewn wythnos dwi wedi gorfod dygymod â bod hebddo fo yn gyfan gwbwl. Mi ddaru mi ddechre tacluso dipyn ar ei ddesg o ddoe – roedd hynny'n o galed, ond rhywbeth mae'n rhaid ei neud. Be i'w gadw, be i'w luchio, ac roedd hi'n galed iawn ar Sali. Bron iawn na faset ti'n meddwl ei fod o yno'n edrych arnon ni. Wel, 'doedd pob peth oedden ni'n ei gyffwr, mewn ffordd yn breifat iddo fo? Mi fydd isio'i 'stafell o i fynd â phobol o'r neilltu i drafod rhai pethe, ond roeddwn i'n teimlo 'mod i'n tresbasu, ac roedd Sali'r un fath. Mi fydd yn rhaid gyrru rhai o'r pethe preifat i Michael a Robert, mae'n siŵr."

" Bydd, 'wrach." Mam a'i phen yn ei phlu. Llawer o hen atgofion, mae'n debyg.

" Ma' hi'n o chwith amdano fo; ia, chwithdod yn fwy na thristwch rŵan. A dydi hynny ddim yn deud y gwir i gyd, chwaith. Dydi'r tristwch ddim wedi cilio mewn wythnos, ond dwi'n medru siarad amdano fo hefo'r cleients heb gael yr hen lwmp mawr yne yn 'y ngwddw. Ond mae'r euogrwydd yn dal yr un fath, yn cilio dim. Fedra i ddim anghofio'r bore dy' Llun yne. Mae o'n gneud imi fod yn fwy penderfynol fyth o gadw'r practis i fynd fel yr oedd o."

" Ia."

" Sgwn i be fydd gan y Williams yma i'w ddeud?"

“ Ia, yntê?” Mae hi wedi fflatio’n ofnadwy ers y bore ’ma. Dydi hi ddim wedi bod mor isel ers nos Sadwrn dwytha.

“ Dowch i mewn, Mr Parry – a’ch mam, ia? Ieuan Williams ydw i. Sut ydych chi?” gan ysgwyd llaw hefo ni’n dau.

“ Steddwch, Mrs Parry, a chithe, Mr Parry. Hen achlysur go drist ichi; wir, mae hi’n anodd credu fod un mor llawn bywyd wedi’n gadael ni mor ddisymwth. Trist iawn.”

Eiliad o dawelwch.

“ Mae’n siŵr eich bod chi’n methu deall pam yr ydw i wedi prysuro cymaint hefo’r ewyllys. Roedd Mr Watkin wedi pwysleisio wrthym ni, pan ddaeth o i mewn yma i drefnu’r ewyllys, fod eisiau ei gweithredu hi ar fyrder. Doedd o ddim eisiau unrhyw oedi, rhag i hynny darfu ar y practis.”

“ Roedd y practis yn bwysig iawn yn ei olwg o, mae hynny’n ddigon gwir, Mr Williams,” medde Mam yn dawel.

“ Mi fedraf ddarllen yr ewyllys yn ei chyfanrwydd neu mi fedraf ddethol y darnau perthnasol i chi, er ei bod hi’n ewyllys weddol syml a hawdd ei deall. Pa un fynnwch chi?”

“ Tasech chi’n darllen y darne perthnasol, dwi’n meddwl y bydde hynny’n ddigon da. Be wyt ti’n ddeud, Mam?”

“ Bydde.”

“ Mae o wedi ewyllysio gadael pum mil o bunnoedd i chi, Mrs Parry . . .”

“ Bobol bach, Richard druan!”

“ . . . a dwy fil a hanner o bunnoedd i Michael Watkin, a’r un swm i Robert Watkin . . .”

“ Ei gefndryd o.”

“. . . ia, a’r gweddill . . . ‘the veterinary surgery and contents, the outlying buildings, and the veterinary practice in its entirety to James Parry, whom I consider almost as a son.’ Wrth gwrs mae’r ewyllys wedi ei geirio’n llawer mwy manwl na hynny, ond dyna’r cnewyllyn yn fyr ac yn glir ichi. Roedd o eisiau gwneud yn siŵr fy mod i’n pwysleisio’r frawddeg ‘whom I consider almost as a son’. Dyna pam yr oeddwn i eisiau ichi ddod yma i’r swyddfa, yn hytrach na dweud hynny ar y ffôn.”

Iechyd mawr! Iechyd mawr! ‘Beneficiary?’ Roeddwn i’n disgwyl rhywbeth, ne’fase fo ddim wedi gofyn imi ddod, ond i gael y cwbwl! 'In it's entirety!' . . . Fedra i ddim credu hyn! . . . 'whom I consider almost as a son'? Mae hynny'n beth od i'w ddeud mewn 'wyllys, yn dydi? . . . Y ÇWBWL? . . .

" Ydi hynny'n ddigon clir i chi, Mr Parry? Neu a fasech chi'n hoffi imi ei darllen eto? Mr Parry?"

Dwi'n ei glywed o'n gofyn, ond fedra i ddim yngan gair, dim ond nodio.

" Ei ddarllen o eto, felly, ia?"

Mi ddoth y geirie y tro yma.

" Nage, nage, nodio oeddwn i i ddeud ei fod o'n ddigon clir, Mr Williams. Methu ffeindio tafod i ddeud geirie. Mae o wedi dod yn gymint o sioc, mae'n anodd credu'r peth."

" Mae'n siŵr fod hynny'n wir."

" Deudwch i mi, Mr Williams, oes yne ddyddiad ar yr ewyllys?

" Wrth gwrs, Mr Parry, mae'n rhaid wrth ddyddiad yn ôl y gyfraith. Mae hon wedi ei dyddio Gorffennaf yr ail ar hugain, mil naw chwech tri."

" Mi fydde hynny o fewn rhyw wythnos ar ôl imi raddio, Mam."

" Bydde."

Dydi hi ddim wedi deud llond llaw o eirie drwy'r bore. Weles i 'rioed moni mor dawel . . . mae o fel tase fo wedi disgwyl imi orffen yn y coleg, ac wedyn wedi gneud ei 'wyllys yn syth . . . ond doedd o ddim am ddeud hynny wrtha i chwaith . . . isio gweld sut un oeddwn i yn 'y ngwaith, debyg.

" Fe gymer beth amser inni gael profi'r ewyllys, Mr Parry; fedrwn ni brysuro dim ar faterion cyfreithiol. Ond credaf y medrwch gynnal y busnes fel 'perchennog', mewn dyfynodau, hyd hynny. Os bydd eisiau cadarnhad gan reolwr y banc, byddwn yn fodlon gwneud hynny. Mae yna beth gwaith papur i fynd trwyddo, wrth reswm, ond does dim rhaid wrth hynny heddiw."

" Diolch yn fawr ichi, Mr Williams. Mi awn ni 'te, Mam."

" Ia."

Mae yne rywbeth yn poeni Mam. Weles i 'rioed moni fel hyn. Mae yne rywbeth ar ei meddwl hi.

" Be sy'n bod, Mam? Dwyt ti ddim wedi deud dim bron drwy'r bore, dim ond 'ia', a 'nage', ac ''wrach'."

" Naddo, dywed? Wel, dwi dipyn yn gymysglyd y bore 'ma."

" Mae'n anodd gen i gredu ei fod o wedi gadel pob peth i mi! A phum mil i tithe, ac wedyn y 'whom I consider almost as a son' yne; mae hwnne'n anodd ei ddallt. Doedd hynny ddim yn ei feddwl o pan aeth o at McKinney, yn ddigon siŵr! A dydw i 'rioed wedi meddwl 'whom I consider almost as a father' amdano fo!"

Dwi'n gweld Mam fel tase hi'n dod i ryw benderfyniad mawr, ac yn sgwario'i 'sgwydde.

" James, tynna'r car i mewn i'r lê-bai yma. Mae gen i lawer iawn o bethe i'w deud wrthot ti, a fedra i mo'u cadw nhw i mi fy hun dim mwy.

"Mae'n rhaid imi ddechre'n bell yn ôl, cyn dy eni di. Mi ddechreues i fel ysgrifenyddes i Mr Meredith pan oeddwn i'n ddeunaw oed, jest cyn dechre'r rhyfel. A mi ddaeth Richard yn assistant i'r practis toc wedyn. Pan ddechreuodd y rhyfel, mi ddaru mi gwarfod Eric, hogyn hardd, gwallt melyn, llygid glas, a oedd yn disgwyl cael ei bapure côl-yp bob dydd. Dwn i ddim, ond doedd neb yn canlyn yn hir ar ddechre'r rhyfel. Ofn, mae'n debyg, ofn iddyn nhw fynd i'r rhyfel a pheidio dod yn ôl. Wel, beth bynnag, mi ddaru Eric a minne briodi ddiwedd Ionawr. Roedden ni'n byw yn Argoed; Mam wedi marw ac wedi gadel y tŷ i mi. Ymhen pythefnos dyne Eric yn dod â rhyw ffrind aton ni, i fyw. Roedd y ddau ohonyn nhw'n disgwyl eu papure i fynd i ffwrdd i'r fyddin, a finne'n dal i weithio yn y syrjeri. Rhyw bnawn, mi es adre'n gynnar gan 'mod i am fynd i siopa. Mi es yn syth i'r llofft i nôl handbag, a be weles i ond Eric a'i ffrind yn y gwely hefo'i gilydd. Dwn i ddim be oeddwn i'n ei feddwl yn iawn; roeddwn i'n ofnadwy o ddiniwed, ond roeddwn i'n gwbod digon i fod yn siŵr nad oedd hynne ddim i fod.

"Dechreues grio, sgrechian a gweiddi arnyn nhw i fynd o'r tŷ, ac iddyn nhw beidio bod yno pan ddown i'n ôl.

"James, roeddwn i mor ddiniwed amser 'ny nad oeddwn i ddim wedi meddwl fod yne ddim byd yn od yn y ffaith nad oedd o wedi cyffwrdd â mi, ddim hyd yn oed cyffwrdd, yn y ffordd yne, ddim unweth mewn tair wythnos."

" Dyne pam gofynnest ti i mi oeddwn i wedi cysgu hefo Bethan. Gofyn oeddet ti, mewn ffordd, oeddwn i'n normal."

" Ia, wel, falle y bydde hi'n well taswn i heb ofyn iti. Ond paid â thorri ar 'y nhraws i, mae'n ddigon anodd fel y mae hi. A dydw i ddim wedi gorffen eto. Mi es yn ôl i'r syrjeri, ac roeddwn yn crio fan'no yn y twllwch pan ddoth Richard i mewn. Mi roddodd ei freichie amdana i, a finne mewn dipyn o stad ac yn trio deud be oedd wedi digwydd, ac wel, roedd o'n trio 'nghysuro i, a mi arweiniodd un peth at y llall – ddeuda i ddim mwy. Pan es i adre, roedd Eric a hwnne wedi hel eu dillad ac wedi mynd, a'r peth nesa glywes i oedd y newyddion gan y War Office yn deud ei fod o'n 'missing, presumed killed', yn Dunkirk. A mi roeddwn i'n falch, yn falch ei fod o wedi cael ei ladd. A dydw i ddim wedi madde iddo fo, a wna i ddim, chwaith, er ei fod o yn ei fedd.

"Roeddwn i'n swil ofnadwy hefo Richard y bore wedyn, a mi roedd o'r un mor swil, a ddeudwyd dim gair am be oedd wedi digwydd. A ddeudwyd dim byd wedyn chwaith, hyd yn oed pan oeddet ti'n dechre gneud dy hun yn amlwg. A mi roedd pawb mor dda wrtha i, yn 'y nghysuro i am 'y mod i wedi colli 'ngŵr yn y rhyfel, a 'mod i'n feichiog, a na wele'r babi byth mo'i dad.

"Ac felly cest ti dy fagu, yn hogyn na welodd o mo'i dad oedd wedi cael ei ladd yn y rhyfel. A neb yn sylweddoli pwy oedd dy dad di!"

" Dyne pam yr oeddet ti'n deud 'n bod ni'n debyg i'n gilydd, ac mor styfnig â'n gilydd. Mi ddeudest ti, hyd yn oed, mor blentynnedd â'n gilydd . . ."

" Ia, 'doeddech chi o'r un gwaed?"

Mae darne'r jig-so – a mwy o ddarne nag oeddwn i'n eu disgwyl – yn syrthio i'w lle rŵan. Dyne be oedd y busnes 'next of kin' yne, a'r 'whom I consider almost as a son' yne. Dyne pam yr oedd Mam yn cael pum mil, a'r cefndryd ddim ond yn cael yr hanner, a finne'n cael y gweddill. A doedd o ddim am ddeud 'my son' rhag tynnu gwarth ar Mam – mi fydd yne ddigon o siarad, beth bynnag. Dwi ddim yn meddwl y medra i byth edrych arno fo fel tad. Pam na fydde fo wedi priodi Mam? Ddim yn syth, ond ymhen amser. Mi faswn i wedi medru edrych arno fo fel tad wedyn.

" Ddaru ti 'rioed feddwl am briodi, Mam?"

" Hefo Richard? Naddo, roedd o'n rhy swil yn y dechre, a mae'n debyg ei fod o'n rhy styfnig i gyfadde wedyn. A doedd gen i ddim isio wedyn, beth bynnag. Mi es i i deimlo'n reit gas tuag ato fo – dyne pam y gorffennes i yn y syrjeri. Ond mi aeth hynny heibio, a mi ddechreues weithio rhan amser iddo fo, ac wedyn dechre cymyd y ffôn, a chymyd mwy a mwy o ran yn y syrjeri, ond ddaru mi 'rioed feddwl y byddwn i'n teimlo cymint ag a wnes i pan gafodd o'r ddamwain.

"Ond mae heddiw wedi gneud iawn am bob peth, James. Deud ei fod o'n edrych arnat ti *fel* mab, ac nid *yn* fab, ne' mi fase'r tafode'n brysur. A mi fydd hynny'n ddigon derbyniol – mae pobol wedi hen arfer dy weld di o gwmpas y lle, yn mynd yn y car hefo fo, a hefo fo pan oeddet ti yn y coleg, a rŵan wedi dod yn ôl i weithio. A chan ei fod o'n ddibriod, peth digon naturiol oedd iddo fo adel y practis i ti."

" Ac mae hi'n ddigon amlwg, Mam, ei fod o wedi penderfynu 'mod i i'w ddilyn o yn y practis flynyddoedd yn ôl. A mi roeddet tithe am i mi fod yne, a mi roeddwn i wedi breuddwydio ers pan oeddwn i'n fachgen bach am fod yne, felly mae breuddwyd pawb wedi cael ei wireddu – ond ei fod o wedi digwydd ugien mlynedd yn rhy fuan, yntê?"

Tase fo heb gredu McKinney, a taswn i heb wylltio, fydde dim o hyn wedi digwydd, a mi fydde cyfrinach Mam yn dal yn gyfrinach.

"Roeddet ti wedi ofni be oedd yn y 'wyllys, on'd oeddet, Mam? Dyna pam roeddet ti mor dawel, a dy ben yn dy blu. Ofni y byddwn i'n gofyn cwestiyne, a gwbod y bydde rhaid i ti egluro imi."

" Ia, roedd hi'n rhaid heddiw, ond dwi 'di bod ar fin gneud lawer gwaith yn ddiweddar, yn enwedig ar ôl i ti a Bethan benderfynu priodi. Doeddwn i ddim am adel iti briodi heb fod yn gwbod."

" Wel, dyne ni. Gwell inni ei chychwyn hi. Dydi hyn yn gneud dim gwahanieth i mi, Mam. Dwi ddim yn cofio imi fod wedi holi dim erioed am 'fy nhad', ac wedi dod o hyd i 'nhad iawn, fedra i ddim edrych arno fo fel tad, felly status cwo ydi hi hefo fi. A dydi o ddim yn mynd i neud dim gwahanieth i ni'n dau, chwaith. Dwi 'di deud wrth lawer o bobol 'n bod ni'n fwy na mam a mab, am 'n bod ni'n fêts! Adre rŵan."

Mae If a'i ecstrasensori yn poeni dipyn bach arna i. Roedd o'n reit amheus o'r 'next of kin' i ddechre; mi fydd yn fwy amheus o 'whom I consider almost as a son'. Gobeithio y bydd o mor llawn o'r syniad o weithio yma'n barhaol, ac yn llawnach fyth o briodi Elaine, na fydd o ddim yn meddwl dim ymhellach. Os byddwn ni'n medru cydweithio'n hapus am flwyddyn, mi ddylen ni fedru ffurfio partnerieth hapus . . . Sgwn i fydde ne' rywbeth wedi dod o gyfeillgarwch RW ac Elaine? Doedd o ddim yn rhy hen i briodi, nag i gael plant, chwaith, petai'n dod i hynny . . . Lle fydde'r 'almost as a son' wedyn? Tase If yn *amheus, fydde fo byth yn deud, nac yn gofyn. Os bydd y ddau yn priodi, ddylwn i fod yn meddwl rhoi siâr iddyn nhw? 'Wrach y bydde Elaine wedi priodi RW ac wedi cael siâr . . . Gawn ni weld ymhen blwyddyn.*

" Sali, dwi'n falch nad ydech chi wedi mynd. Mae RW wedi gadel y practis i mi. Prin y medrai gredu'r peth, ond dyne oedd yr ewyllys . . ."

" O, dwi'n falch, Jim! Dwi mor falch. Roedd gen i gymint o ofn y bydde'r practis yn mynd ar werth, ac y bydde pob peth yn mynd ar chwâl."

"Na, mae popeth i fynd ymlaen yma fel cynt. Y chi, Sali, fydd y bòs yn y swyddfa 'ma, fel o'r blaen, a mae If am aros yma'n barhaol – mae o wedi newid ei agwedd yn gyfan gwbwl wedi cael ailafel yn Elaine." Sŵn yr MG yn cyrredd y syrjeri. "A dyma fo ar y gair – mi fydd ynte'n falch o gael clywed y newyddion."

" Wel, sut aeth hi, Bij? Yden ni allan ar 'n penole? Nag yden, dwi'n gweld hynne, a dwi'n cael y teimlad dy fod di wedi cael mwy nag oeddet ti'n ei ddisgwyl! Ydw i'n iawn? Ydw, wrth gwrs 'y mod i. RW wedi gadel y practis i ti? Do? Ardderchog. Ydi Sali a finne, ceffyle gwedd y practis – maddeuwch yr ymadrodd, Sali – yn dal yn gyflogedig? Mi gawn edrych ymlaen at y wawr, felly."

" Cawn, If, ac os medrwn ni gydweithio a byw yn gytûn am flwyddyn, mi fyddwn ni'n trafod partnerieth. Sali, gnewch nodyn yn rhywle, fel y medrwch chi ei drosglwyddo fo i'r dyddlyfr newydd, 1967. Dydd Sadwrn, blwyddyn i heddiw – be ydi hi heddiw? Hydref 15, felly mi fydd yn ddydd Sadwrn, Hydref 16 – 'Trafod partnerieth hefo Ifor Lewis'. Be wyt ti'n feddwl, If?"

" Meddwl mor ffodus y byddi di, yn cael cydweithio hefo athrylith milfeddygol ac ysgolheigaidd, hefo cymeriad grymus, cadarn, yn byrlymu o hiwmor gweddus . . ."

" Ac yn briod? Pwy ŵyr na fydd y ddau ohonon ni'n briod?"

" Wel, mae'n rhaid imi gyfadde, Bij, fod yr hen feddylie wedi bod yn rhedeg ar hyd y rêls yne, ddoe a heddiw."

Iawn ydi gwamalu, ond Hydref 15 oedd y dyddiad ddaru mi fygwth y byddwn i'n gorffen yn y practis yma, pan ffonies i RW y diwrnod y gwylltiodd o gymint fel y cafodd o'r ddamwain. Faswn i ddim yn trefnu dim byd fel hyn oni bai i hynny ddigwydd.

" Wnewch chi un peth arall i mi, Sali?"

" Gwna i. Be 'di hwnnw?"

" Llythyr i fynd hefo cyfri McKinney. 'Dech chi wedi paratoi hwnnw, do? Ond heb ei yrru o am na fedren ni sgwennu siec. Wel, mi dala i hynny sydd isio allan o 'nghyfri fy hun, ond mae gen i isio rhoi atodiad i'r cyfri, rhywbeth tebyg i hyn:

> Yr wyf fel hyn wedi cyflawni ymrwymiad Mr Richard Watkin i chwi, sef talu £120 am eich heffer.
> Ond bydded hysbys i chwi, nad ydwyf, o'r dydd hwn, yn ystyried fy hun dan unrhyw gytundeb o unrhyw fath i gyflenwi gwasanaeth milfeddygol i chwi.

A mi fydd yn rhaid ei roi yn Saesneg iddo fo hefyd:

> I have thus fulfilled the obligations of Mr Watkin's promise to you, i.e. a payment of £120 for your heifer.
> But let it be understood that from this day on, I no longer consider myself bound, by any contractual agreement whatsoever, to continue to provide you with a veterinary service.
>
> James Parry B.V.Sc., M.R.C.V.S.

Mi wna i arwyddo wedyn. Achos os oes yna un man cychwyn i bopeth sy wedi digwydd yn y pythefnos dwytha 'ma, ei gelwydd o ydi hwnne."

Roedd hwnne wedi bod ar 'y meddwl i ers dyddie, a doeddwn i ddim yn gweld sut y medrwn i ddod allan o'r cytundeb, os na fyddwn i'n medru prynu'r practis. Mae'n rhyfedd meddwl mai addewid RW i dalu am yr heffer ddaru neud i mi ffrwydro, ac mai 'ngweithred annibynnol gynta i yw talu allan o 'mhoced fy hun am yr heffer, a hynny'n fodlon – a mwy na hynny, dwi'n cael rhyw deimlad o ryddhad.